KB253462

우리 아이
새에게 배우는 의사소통 기술

아담, 잭슨, 그리고 브룩에게 이 책을 바칩니다.

이 도서의 국립중앙도서관 출판시도서목록(CIP)은 e-CIP 홈페이지(http://www.nl.go.kr/ecip)에서
이용하실 수 있습니다. (CIP제어번호: CIP2007002184)

새에게 배우는 우리 아이 의사소통 기술

스콧 쿠퍼 글 | 하인혜 옮김

|감사의 글|

이 책은 수많은 사람들의 소중한 경험과 지식으로 만들어졌습니다. 이 자리를 빌려 도움을 주신 분들께 진심으로 고맙다는 인사를 드립니다.

우선 상담 교사로 활동하며 청소년의 문제 행동 예방 및 치료에 여념이 없는 코델리아 앤더슨과 캘리포니아 북부의 던햄 학군 교육위원장 스테파니 캡스, 심리상담가이자 결혼 및 가족 임상치료사 토머스 그린스펀 박사에게 고마운 마음을 전합니다. 미네소타 주 미니애폴리스에 위치한 램지국제예술학교 7학년 과정에 재학 중인 샘 험리커의 도움도 컸습니다. 캘리포니아 북부의 워 학군 교육위원장인 스콧 매호니와 캘리포니아 대학교 행동발달소아학과 도로시아 로스 교수에게도 감사합니다. 미네소타 세인트폴에서 5학년과 9학년 학생들을 가르치고 있는 카트리나 웬첼의 도움도 결코 잊을 수 없을 것입니다.

무엇보다 이 책에 등장하는 수많은 아이들에게 고맙다는 말을 꼭
하고 싶습니다. 그들의 도움이 없었다면 아마 이 책은 세상에 나오
지 못했을 것입니다. 끝으로 이 책을 집필하는 동안 든든한 버팀목
이 되어준 나의 아내 줄리에게도 고마움을 전합니다.

스콧 쿠퍼(Scott Cooper)

|차례|

시작하는 말 • 11

새에게서 배우다 • 13

이 책을 어떻게 읽을까? • 15

1장 큰어치에게 배우는, '자기감정을 표현하는' 방법

큰어치가 되어보자 • 22

01 '나'로 시작하는 말의 힘 • 26

02 공손하게 거절하기 • 33

03 질문하고 부탁하기 • 40

04 삐걱거리는 자전거 전략 • 43

2장 찌르레기에게 배우는, '새 친구 사귀는' 방법

찌르레기가 되어보자 • 55

01 셜록 홈스의 대화법 • 56

02 '나의 생각' 나누기 • 64

03 '37.5도'의 말 • 68

3장 비둘기에게 배우는, '논쟁과 싸움을 끝내는' 방법

비둘기가 되어보자 • 80

01 동전 던지기 • 82

02 협상의 시간, 그 첫 번째 • 84

03 숨 고르기 • 93

4장 벌새에게 배우는, '놀림에서 벗어나는' 방법

벌새가 되어보자 · 102

01 괴롭힘을 거부하는 '나' 메시지 · 108

02 무관심 전략 · 110

03 거짓 인정 · 112

04 반박하는 말하기 · 115

05 작전상 후퇴 · 124

5장 까마귀에게 배우는, '비난에 대처하는' 방법

까마귀가 되어보자 · 130

01 메아 쿨파 (내 탓이오) · 134

02 오해를 이해로 바꾸기 · 137

6장 부엉이에게 배우는, '부정적인 생각에 맞서는' 방법

부엉이가 되어보자 • 149

01 '하지만'이라는 주문 • 153

02 부정적인 생각의 싹 자르기 • 157

03 협상의 시간, 그 두 번째 • 167

04 개구리 배 만들기 • 170

7장 글을 맺으면서 • 178

8장 어른들에게 부탁하는 말 • 182

9장 아이들을 위한 자료 • 198

시작하는 말

학교는 재미있는 곳이다. 예전에는 몰랐던 신기한 것들을 배우고, 멋진 친구들도 많이 사귈 수 있기 때문이다. 물론 학교를 따분한 곳이라고 생각하는 아이들도 많다. 단지 복잡한 수학식을 계산하고, 세계사 연표를 외우며, 올림 다장조에서 어떤 음이 기본음인지를 배워야 하기 때문만은 아니다. 학교에서 낯선 사람들과 어울리며 보내는 시간이 너무 길게 느껴지기 때문이다. 그러므로 학교 생활을 재미있게 하기 위해서는 친구들과 어울리는 법부터 배워야 한다.

학교는 친구들이 함께 어울려 지내야 하는 곳이다. 교실이나 복도, 운동장, 도서관이 전부가 아니다. 수돗가나 화장실에서도 함께 어울려야 한다. 집에 돌아가는 길에는 어김없이 통학버스를 함

께 탄다. 이렇게 다양한 곳에서 서로에게 피해를 주지 않고 사이
좋게 지내기란 쉽지 않다. 대부분의 아이들이 자기중심적으로 생
각하고 말하며 행동하기 때문이다.

친구들과 사이좋게 지내기 위해서는 무엇보다 상대방을 존중하
는 마음이 필요하다. '상대방을 존중한다'는 말은 그를 친구로 생
각하고, 그의 잘못을 용서하며, 그가 자신에게 해주었으면 하는
행동을 먼저 해주는 것을 의미한다. 즉, 자기 자신을 존중하듯이
상대방을 존중하는 것이다. 이 책에는 친구들과 사이좋게 지내고
현명하게 관계를 맺어나가는 방법들이 있다.

> **자신의 생각을 공손하게 말하는 방법을 배우면,
> 함께 어울려 즐겁게 생활할 수 있다.**

새에게서 배우다

'상대방을 존중한다'는 말은 상대방을 함부로 평가하지 않는다는 말이다. 한때 나는 새를 관찰하는 사람들에 대한 편견이 있었다. 내 눈에는 그들이 정말 한심하게 보였다. 무릎까지 오는 긴 양말을 신고, 우스꽝스럽게 생긴 모자를 쓰며, 쌍안경을 목에 걸고 다니는 이상한 사람들이라고 생각했다.

하지만 우연한 기회에 형을 따라 새를 관찰하는 사람들과 어울리게 되면서 나의 생각은 달라지기 시작했다. 생각했던 것보다 새를 관찰하는 일은 흥미로웠다. 그들과 함께 어울리는 시간은 즐거웠고, 그늘이 정말 괜찮은 사람들이라는 사실을 알았다. 그리고 이러한 경험을 통해 나는 다른 사람들을 존중하고 그들과 함께 어울리는 방법을 배워야 한다는 사실을 깨달았다.

　무리지어 사는 새들은 자신이 속한 무리를 지키기 위해 끊임없이 의사소통을 한다. 몇 가지 단순한 음향을 사용한다는 것이 사람과 다를 뿐이다. 새끼 새는 어미 새에게 배고픔을 알리거나 도움을 요청할 때 짹짹거린다. 어미 새는 새끼 새에게 위험이 닥쳤을 때 짧지만 날카로운 소리로 경고를 하고, 짝짓기를 할 때에는 오랫동안 아름다운 소리로 울어 댄다. 새끼 새들은 자연스럽게 자신을 돌보는 어미 새로부터 생존에 필요한 의사소통 방식을 배운다.

　요컨대 '새소리'는 새들이 스스로를 돌보며 무리를 지키기 위해 사용하는 도구이다. 그렇다면 사람들은 어떠한가? 새들처럼 제대로 의사소통을 하고 있을까?

이 책을 어떻게 읽을까?

이 책의 각 장에는 자신의 감정을 적극적으로 표현하고, 여러 사람들과 함께 어울려 즐겁게 생활할 수 있는 방법들을 소개하였다. 각 장의 부제는 상황별로 해결책을 찾는 데 도움을 줄 수 있는 새의 이름을 따서 정하였다. 그러므로 각자 자신이 처해 있는 상황이나 문제에 따라 도움을 받을 수 있는 장을 찾아 읽으면 된다.

학교에서 놀림을 받는 아이라면 4장의 〈벌새에게 배우는, '놀림이나 괴롭힘을 막는' 방법〉을 보면 된다. 벌새는 매우 작은 새임에도 불구하고 자신을 지키기 위해 훨씬 큰 동물과두 맞서 싸운다. 자신을 부끄럽게 생각하거나 맡은 일을 끝까지 해낼 자신이 없는 아이라면 6장의 〈부엉이에게 배우는, '부정적인 생각에 맞서는' 방법〉을 보면 된다.

이 책을 처음부터 끝까지 모두 읽는다면 학교에서 생활하는 데 많은 도움을 받을 수 있을 것이다. 다만 여기에 소개한 방법은 혼자 연습하는 것보다 친구나 부모의 도움을 받아 연습하는 것이 좋다. 서로의 생각과 경험을 나누어 가질 수 있기 때문이다. 구체적인 학습 방법을 제시한 '연습 시간'은 반드시 활용하길 바란다. 많이 연습할수록 큰 효과를 거둘 수 있다.

사람은 사회적인 존재이다. 이 말은 우리가 대부분의 시간을 다른 사람들과 함께 어울리며 보낸다는 것을 의미한다. 이 책은 학교생활에 초점이 맞추어져 있다. 그러나 여기에 소개한 방법들이 비단 학교에만 적용되는 것은 아니다. 여러 사람들과 어울릴 수 있는 곳이라면 어디라도 관계없다. 어느 곳에 있든지 사람들과 함께 어울리는 것은 매우 중요한 일이기 때문이다.

다양한 사람들과 함께 어울려 편안하게 이야기하고 공부하며 게임을 하거나 일하는 것은 즐거운 일임에 틀림없다. 만약 지금 친구들과의 관계가 불편하다면 이 책에서 소개한 방법을 적극적으로 활용해 보길 바란다.

스콧 쿠퍼(Scott Cooper)

help4kids@treespirit.com
Free Spirit Publishing
217 Fifth Avenue North, Suite 200
Minneapolis, MN 55401-1299

큰어치에게 배우는,
'자기감정 표현하는'
방법

1장

큰어치는 '휘휘' 하고 휘파람 소리를 내며 운다. 이 소리는 북아메리카의 참나무 숲에서 흔히 들을 수 있지만, 달콤한 노래도 아니고 시끄러운 소음도 아니다. 이것은 진지한 대화이다. 큰어치는 주위에 있는 새들에게 도움을 청할 때나 위협할 때, 귀가 따가울 정도로 크게 울어 댄다. 비록 작은 새이지만 큰어치는 도움을 청하는 법과 감정을 표현하는 법을 누구보다 잘 알고 있다.

이 땅의 모든 생명체는 그들 나름의 의사소통 방식을 가지고 있다. 어미 새는 새끼 새에게 위험을 알릴 때 큰 소리로 울고, 개는 고통스러울 때 낑낑거리며, 고양이는 만족스러울 때 가르랑거린다. 믿지 못하겠지만 기니피그는 화가 날 때 물구나무를 서서 귀를 막기도 한다.

이 가운데 사람보다 뛰어난 의사소통 방식을 가지고 있는 생명

체는 없다. 사람은 이야기를 할 때나 소리를 지를 때, 노래를 부를 때, 혹은 용기를 북돋을 때 언어를 사용한다. 뿐만 아니라 그것을 종이에 적기도 하고, 컴퓨터에 입력하기도 한다.

사람의 언어는 뜻이 분명하기 때문에 의사소통을 하기에 적합하다. 그러나 동물의 언어는 그렇지 않다. 만일 개가 낑낑거린다면, 그것이 배가 고픈 건지 슬픈 건지 그저 밖에 나가고 싶은 건지 어떻게 알 수 있겠는가?

큰어치가 되어보자

다른 사람에게 자신의 생각을 분명하게 말하는 것은 매우 중요하다. 특히 사이가 불편할 때에는 더욱 그렇다. 예를 들어 누군가 지우개를 함부로 가져갔다면, 지우개를 돌려달라고 분명하게 말해야 한다. 또 누군가 자신을 놀린다면, 놀리지 말라고 분명하게 말해야 한다. 하지만 그런 행동이 싫다고 말할 때는, 그 이유를 구체적으로 설명해 주는 것이 좋다.

사람들이 사이좋게 지내지 못할 경우 사회문제를 일으킬 수 있다. 사회문제는 사람들이 서로를 존중하지 않을 때 나타난다. 다음 이야기를 통해 서로를 존중하지 않을 경우 어떤 일이 일어나는지 살펴보자.

영민이가 공을 던지려는 순간, 형준이가 갑자기 달려와 공을 가로챘다. "와서 빼앗아 가보시지, 이 느림보야!" 형준이가 영민이를 놀렸

다. 영민이는 화가 단단히 났다. 농구팀 선발전이 하루 앞으로 다가와 연습을 많이 해야 하는데, 형준이가 번번이 방해를 하기 때문이다. 사실 형준이는 아무 때나 공을 빼앗아가곤 했다. 영민이는 더 이상 참을 수 없었다. "당장 내 공 내놔!" 영민이가 소리쳤다. 그러나 형준이는 비웃을 뿐이었다. 끝내 영민이는 형준이에게 달려들어 주먹을 휘둘렀고, 두 아이는 아스팔트 바닥 위에서 몸싸움을 하며 뒹굴었다. 잠시 후, 두 아이는 교장실에 불려갔다. 형준이는 두 눈에 시퍼런 멍이 들었고, 영민이는 코피를 흘렸다. 두 아이 모두 손등에 상처가 났고, 온몸은 멍투성이였다. 교장 선생님은 두 아이에게 정학 처분을 내렸다. 결국 영민이는 농구팀 선발전에 출전할 수 없었다. 영민이는 억울했는지 "그렇지만 제가 먼저 싸움을 시작한 게 아니예요."라고 하소연을 했지만 교장 선생님은 타이르듯 말했다. "그것은 중요하지 않아."

해미는 미술 시간을 제일 좋아했다. 특히 수채화 그리기와 도자기 만들기를 좋아했는데, 어질러진 탁자를 혼자서 치우는 일은 싫었다. 미술 시간이 끝나면 물감이 뚝뚝 떨어지는 붓, 축축한 종이 타월, 그리고 찰흙 조각들이 탁자 위에 언제나 어지러이 흩어져 있었다. 해미는 아이들에게 탁자를 함께 치우자고 말하고 싶었지만, 혹시라도 아이들이 자기를 싫어할까 봐 말하지 못했다. 그렇다고 탁자를 치우지 않을 수도 없었다. 그러면 모둠 전체의 점수가 깎이기 때문이다. 친구들이 자신을 좋아하길 원하고, 점수도 깎이지 않기를 원하는 해미는 결국 혼자서 탁자를 치우곤 했다. 공평하지 않다는 것을 잘 알고 있었지만 달리 문제를 해결할 수 있는 방법을 몰랐다. 이것이 미술 시간을 점점 재미없게 만드는 이유였다.

영민이와 해미는 친구에게 존중을 받지 못했고, 결국 후회할 행동을 하고 말았다. 만약 우리에게 이러한 일이 생긴다면 어떻게 해야 할까? 영민이처럼 싸우거나 해미처럼 문제를 피하고 싶을지도 모른다. 이런 행동들은 주변에서 흔히 볼 수 있는데, 결코 좋은 방법이 아니다. 싸움은 자기 자신이나 친구에게 상처를 입힐 뿐만 아니라 문제를 더욱 심각하게 만들 수도 있다.

문제를 피하는 것은 문제를 해결하는 것이 아니라 그냥 문제를 덮어두는 것이다. 상대방은 예전처럼 제멋대로 행동할 것이 분명하기 때문이다. 오히려 문제를 피하는 행동은 상대방에게 자신을 존중할 필요가 없다고 가르쳐 줄 뿐이다.

만약 영민이와 해미가 적극적으로 자신의 감정을 표현했다면 어떻게 되었을까? 자기감정을 확실하게 표현하기 위해서는 좀 더 단호해질 필요가 있다. 여기에서 '단호하다'는 말은 거칠게 행동하자는 말이 아니다. 물론 싸움을 하자는 말도 아니다.

때때로 친구들이 심술궂은 행동을 하거나 원하지 않은 일을 하
도록 시키고, 해야 할 일을 못하게 방해할 수도 있다. 그런 경우에
가장 좋은 대처 방법은 직접 말을 하는 것이다. 마땅히 받아야 할
존중을 받기 위해서는 단호해질 필요가 있다. 큰어치가 사용했던
방법을 기억하자.

01 '나'로 시작하는 말의 힘

다른 사람이 자신을 존중해 주지 않을 때, 그러한 행동을 어떻게 생
각하는지 혹은 상대방이 어떻게 해주기를 바라는지 구체적으로 말
하자. 말을 할 때에는 2인칭 대명사인 '너'보다 1인칭 대명사인
'나'로 시작하는 것이 좋다.

이 방법은 간단하면서도 매우 효과적이다. '나'로 시작하는 말은
그만큼 직접적이며 강력하다. 누군가 자신에게 잘못된 행동을 했
다면 "난 네가 그렇게 안 했으면 좋겠어." 혹은 "나는 그런 행동을
좋아하지 않아."라고 말을 하자. 만약 누군가와 생각이 다르다면,
'나'로 시작하는 말의 힘을 사용할 때이다. 그럴 때에는 이렇게

말을 하자. "나는 너와 생각이 달라." 혹은 "나에게 더 좋은 생각
이 있어."

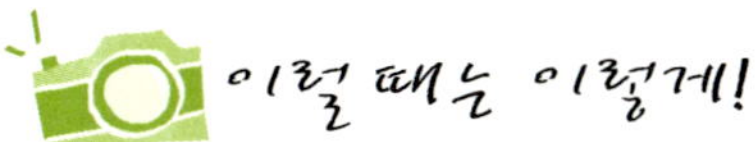

1. '나' 로 시작하는 말의 힘

교실에서 뒷자리에 앉아 있는 친구가 연필로 머리를 두드릴 때,

"그만 해! 나는 그렇게 하는 게 싫어!"

오랫동안 그네를 타기 위해 기다렸지만, 그네를 양보하지 않을 때,

"나도 그네를 타고 싶어. 오랫동안 기다렸잖아. 이제 나 좀 타자."

굳이 '나'를 크게 말하지 않아도 된다. 어색하다면 아예 '나'
라는 말을 빼도 괜찮다. 다만 상대방을 비난하지 말고, 자신의
감정을 솔직하게 말하는 것이 중요하다. 누군가 이름을 가지고
놀린다면, "그만 해."라고 분명하게 말하자. 이때 '나'라는 말
을 사용한다면 "나는 네가 이름을 가시고 놀리는 게 싫어!"라고
도 말할 수 있겠지만, 짧게 말할 때에는 '나'라는 말을 사용하
지 않을 수도 있다.

2. '나'로 시작하는 말의 힘

교실이나 식당, 버스 정류장에서 줄을 섰는데 누군가 새치기를 할 때,

"그러면 안 돼. 차례를 지켜 뒤에 가서 줄을 서는 게 어떻겠니?"

모둠별 숙제를 혼자 맡아서 하게 되었을 때,

"무슨 숙제가 이렇게 어렵니? 나 혼자 하는 건 어려울 것 같아. 우리 함께 하자. 예솔이가 자료를 찾아 줄래?."

누군가 이마에 난 여드름을 가지고 놀릴 때,

"나는 신경 쓰지 않아. 여드름이 뭐 어때서……. 이건 어른이 되었다는 증거야."

모든 의사소통이 말을 통해서만 가능한 것은 아니다. 얼굴과 몸 역시 말을 하는데, 이것을 '동작언어'라고 부른다. 환하게 웃는 얼굴을 보면 행복하다는 사실을 알 수 있고, 잔뜩 찌푸린 얼굴을 보면 화를 내고 있다는 사실을 알 수 있다.

때때로 말과 몸이 전혀 다른 이야기를 할 때도 있다. "난 정말 행복해."라고 말하면서 얼굴을 찡그린다면 사람들은 말이 아니라 얼굴을 보고 행복하지 않다는 사실을 알아차린다. 또 "하나도 두

렵지 않아."라고 말하면서 다리를 떤다거나 눈을 크게 뜨고 있다면 누가 그 말을 믿겠는가?

'나'로 시작하는 말을 할 때, 몸으로 하는 말도 중요하다. 말을 하면서 무언가를 두려워한다거나 귀찮아한다면 제대로 그 말을 알아들을 수 있는 사람은 없다. 마찬가지로 말을 할 때, 거칠게 행동한다면 싸움을 하자는 말로 오해할 수도 있다. 그러므로 '나'로 시작하는 말을 할 때에는 다음과 같이 행동해야 한다.

목소리 또한 중요하다. 단호하고 분명한 목소리로 침착하게 말하자. 고함을 쳐서도 안 되지만, 너무 작게 말해서도 안 된다. 적절한 동작언어와 목소리를 사용함으로써 진지하게 말하고 있음을 알게 하자.

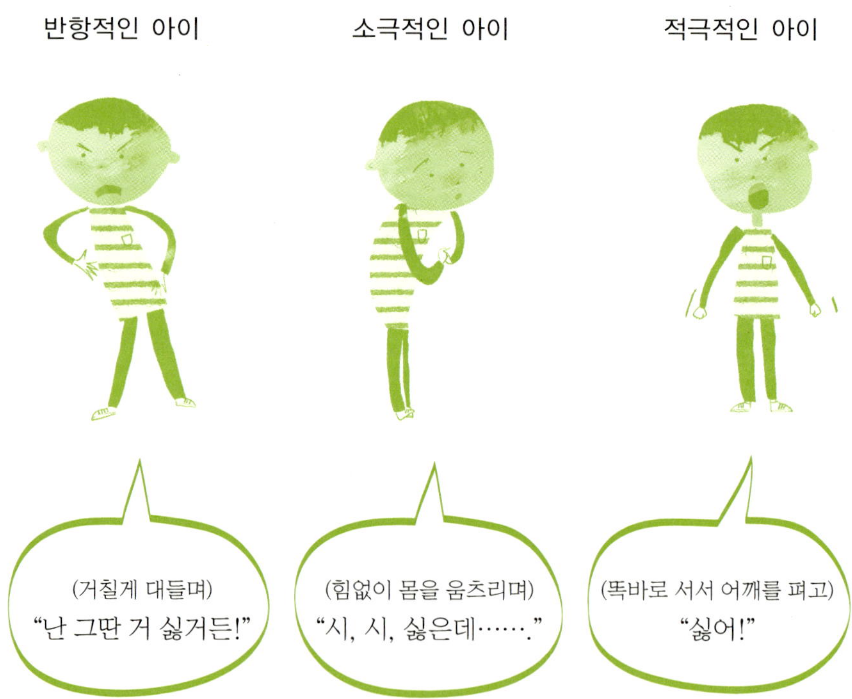

 ### 윗사람에게 '나'로 시작하는 말하기

나이가 많은 형이나 누나 혹은 어른들에게 '나'로 시작하는 말을 꺼내기 어려울 때가 있다. 혹시 화를 내거나 놀릴까 봐 두렵기도 하고, 무시를 당할지도 모른다고 지레짐작하기 때문이다. 결국 상처 입지 않으려고 미리 방어를 하게 된다.

'나'로 시작하는 말을 윗사람에게 사용할 때, 긴장을 하는 것은 당연한 일이다. 하지만 아무리 나이가 어리다 하더라도 어른에게 존중 받을 권리가 있으며 어른들도 그러한 사실을 잘 알고 있을 것이다. 이런 상황에서 원하는 바를 적극적으로 표현할 수 있는 방법은 두 가지이다. 하나는 힘들겠지만 정직하게 말하는 것이고, 다른 하나는 상대방의 감정을 이해할 수 있다고 말하는 것이다. 예를 들면 다음과 같다.

"문제를 심각하게 만들고 싶지는 않지만,
그래도 ~에 관해 말씀느려야 할 것 같아요."

"기분 나쁘게 생각하실까 봐 걱정이 되긴 하지만,
그래도 제가 드리고 싶은 말씀은 ~예요."

"사실 이런 말씀드리기 참 곤란한데,
그래도 전 그것이 꼭 ~라고 생각하지는 않아요."

단호하게 말을 할 때에는 윗사람을 존경하는 마음을 잊지 않고 말하는 것이 중요하다.

 연습 시간

'나'로 시작하는 말을 처음 사용할 때에는 또래 친구들 앞에서도 긴장하기 마련이다. 이는 지극히 자연스러운 일이다. 평소 함께 어울려 다니던 친구에게 갑자기 불편한 말을 하는 것이 쉬울 리 없다. 긴장이 심할 경우에는 절친한 친구나 믿고 의지할 수 있는 어른에게 먼저 '나'로 시작하는 말을 연습해 보자. 상대방이 거칠게 대드는 상황이나 자신을 괴롭히는 현실적인 문제를 전제로, '나'로 시작하는 말을 다양하게 구상하여 생각나는 대로 말해 보자. 연습을 하면 할수록 상대방에게 자신의 의견을 말하는 일이 자연스러워질 것이다. '나'로 시작하는 말을 사용할 때에는, 정중하게 행동하는 것이 매우 중요하다. '나'로 시작하는 말은 정중하면서도 단호하게 말하는 것이 효과적이다.

02 공손하게 거절하기

상대방의 요구를 거절할 때, 우선 그에게 고마움이나 미안함을 표현한 뒤에 거절의 뜻을 분명하게 밝히는 것이 좋다.

위험하거나 부적절한 일, 또는 하기 싫은 일을 친구로부터 강요당한 적이 있는가? 만약 힘없는 친구를 괴롭히거나 친구의 물건을 훔쳐오도록 시키는 친구가 있다면 어떻게 하겠는가? 스스로 존중받기 위해서는 그러한 문제 상황으로부터 자신을 지킬 수 있어야 한다. 지금부터 친구의 무리한 요구를 거절하는 법에 대해 배워보자.

경원이 이야기

경원이는 반에서 가장 인기 있는 여자 아이들과 어울렸다. 쉬는 시간이나 점심시간이 되면 항상 무리를 지어 다니곤 했다. 그러던 어느 닐 경원이는 처음으로 파티에 초대를 받았디. 파티에 참석한 경원이는 음악에 맞춰 친구들과 춤을 추었다. 그런데 갑자기 종민이가 주위를 조심스럽게 살피더니 가방에서 술병을 꺼냈다. 종민이는 "얘들아, 이거 마실래? 기분이 좋아진대! 어때?"라고 말했다. 경원이는 깜짝 놀랐지만 술을 마시면 어떤 기분이 될지 한편으로는 궁금하기도 했다.

다른 아이들은 깔깔거리면서 몇 모금씩 술을 마셨다. 아무도 말리는 아이들이 없었다. 경원이는 어머니의 얼굴을 떠올리며 술을 마시는 것이 옳지 않은 일이라고 생각했다. 하지만 술을 마시지 않으면 친구들에게 따돌림을 당할 수도 있으므로 무척 혼란스러웠다. 그때 누군가 경원이에게 술병을 내밀었다. 경원이는 숨을 크게 들이마시며 말했다. "미안하지만, 나는 안 마실래."

때때로 우리는 친구 때문에 하기 싫은 일을 억지로 하는 경우가 있다. 만약 친구를 괴롭히는 일이나 음주, 흡연, 폭력, 도둑질, 컨닝, 성인영화 관람 및 성인 사이트 검색 등과 같은 일을 하도록 친구가 강요한다면 "싫어."라고 분명하게 말해야 한다. 그러나 매번 "싫어."라고 말하는 일이 결코 쉽지만은 않다. 또래 압력에 저항하는 것은 만만치 않은 일이기 때문이다.

모름지기 친한 친구란 서로가 원하는 일을 기꺼이 해주어야만 한다고 생각하는 아이들이 있다. 하지만 우정을 핑계로 또래 친구들이 어떤 일을 요구할지는 알 수 없다. 단순히 게임방이나 영화관에 함께 가기를 원할 수도 있지만, 하기 싫은 일을 강요하거나 심지어 위험한 일을 시킬 수도 있다.

한 가지 분명한 사실은 스스로 생각하고 행동해야 가장 마음이 편하다는 것이다. 그리고 하고 싶지 않은 일은 분명하게 거절해야만 존중을 받을 수 있다. 실생활에서도 "미안하지만(또는 고맙지만) 나는 하기 싫어."라고 말하자.

'나'로 시작하는 말처럼, 또래 친구들이나 어른들에게 "미안하지만(또는 고맙지만) 나는 하기 싫어(요)."라고 말하는 것은 긴장되고 불편한 일이 분명하다. 상대방의 감정을 상하게 할 수도 있고, 혹은 놀림감이 되거나 미움을 받을 수도 있다고 생각하기 때문이다. 이러한 걱정을 한꺼번에 해결해 줄 수 있는 세 가지 방법을 소개하면 다음과 같다.

❶ 자신을 존중하자

이는 무엇보다 중요한 요소이다. 만일 스스로를 존중한다면, 자신의 안전을 해칠 만큼 위험한 일을 할 수 있을까? 또한 어떤 결정을 내릴 때, 스스로에게 손해가 되는 결정을 내릴 수 있을까?

❷ 솔직하게 말하자

상대방의 요구를 거절할 때에는 그것이 얼마나 부담되는 일인지 솔직하게 고백하자. "내 말을 기분 나쁘게 듣지 마. 그런데 정말 난 그 일을 하고 싶지 않아."라든가 "난 너를 정말 좋아하지만, 그런 일을 하기는 싫어."라는 식으로 말하면 된다.

❸ 함께 "싫어."라고 말해 줄 친구를 찾아보자.

만약 함께 "싫어."라고 말해 줄 친구가 한 명이라도 있다면, 상대방의
요구를 거절하기가 한결 쉬울 것이다.

 연습 시간

하고 싶지 않은 일을 해야 하는 상황에서 상대방의 요구를 거절하고 싶다면
먼저 자신을 도와줄 수 있는 친구가 필요하다. 친구와 함께 "미안하지만(또는
고맙지만) 나는 하기 싫어."라는 말을 다양한 방식으로 연습했다면, 실제로 그
런 일이 벌어졌을 때, 친구의 도움을 받아 자신 있게 거절할 수 있다.

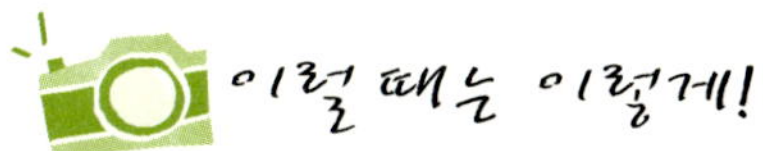 이럴 때는 이렇게!

공손하지만 냉정한 거절

상대방의 감정을 상하게 하고 싶지 않을 때,

"나도 그러기는 싫은데, 아직은 익숙하지 않아서 못하겠어."

"그거 정말 굉장한 일 같아. 근데 난 아직 자신이 없어."

"고맙기는 하지만 난 못하겠어."

"정말 미안한데, 아빠한테 혼날 것 같아."

상대방에게 미움을 받고 싶지 않을 때,

"네가 싫어할까 봐 걱정되지만, 그래도 못하겠어."

"이렇게 말하기 미안하지만 정말 난 못해."

"네가 실망할까 봐 겁나는데, 그래도 난 할 수가 없어."

"내 말을 믿지 못하겠지만, 그렇게 할 수 없는 상황이야."

강하게 거절하고 싶을 때,

"아니, 그건 정말 안 좋은 생각이야."

"난 싫어. 문제를 일으키고 싶지 않아."

"아니, 나 그렇게 하지 않을래."

"절대로 안 해."

"난 안 할 거야. 내 마음이 바뀌는 일은 없어."

연습 시간

다음 상황에서 자신이 가장 편안하게 느끼는 거절 방법을 최소한 한 가지씩 생각해 보자. 가능한 답은 매우 많다. 예상 답안은 뒤집혀진 상태로 39쪽 아래에 있다.(몰래 보려고 하지 마세요.)

상황 1

한 친구가 "야! 배도 고픈데, 쟤한테 돈을 빼앗는 게 어때?"라고 했을 때 어떻게 대답해야 할까?

상황 2

한 친구가 " 우리 놀이공원 갈래?"라고 했는데, 가고 싶지 않을 때 어떻게 대답해야 할까?

상황 3

성인 사이트를 보던 친구가 "이리 와, 같이 보자."라고 했을 때 어떻게 대답해야 할까?

상황 4

시험을 보던 중에 옆에 앉은 친구가 "야! 답 좀 보여줘. 어서."라고 했을 때 어떻게 대답해야 할까?

상황 1. "난 안 할래. 그건 나쁜 짓 같아."
"안 돼, 너도 하지 마."
"너 같으면 기분이 어떻겠니?"

상황 2. "같이 가고 싶지만, 나는 못 갈 것 같아."
"난 못 가. 재미있을 것 같긴 하지만, 오늘 밤에는 시간이 없어."
"고맙지만 사양할게. 내일 보자."

상황 3. "아냐, 난 됐어. 지금 할 일이 있거든.",
"난 안 볼래. 그건 너무 야해서.",
"그냥 나중에 볼게."

상황 4. "안 돼, 그러다 들켜서 선생님께 혼나고 싶지 않아."
"보여주기 싫어."

03 질문하고 부탁하기

정보나 도움이 필요할 때, 주저하지 말고 질문하자.
그리고 자신에게 필요한 것을 요청하자.

자신의 생각을 분명히 말할 수 있다면 큰어치처럼 단호해질 수 있다. 그렇게 되기 위해서는 자신에게 필요한 것을 당당하게 요청할 줄 알아야 한다. 도움이 필요하다면, 큰어치가 도움을 청하기 위해 언제나 목청껏 울 준비를 하는 것처럼 주저하지 말고 청하도록 하자.

해결책을 마련하거나 도움을 요청하는 최상의 방법은 질문을 하는 것이다. 도서관이 어딘지 모른다면 주저하지 말고 질문하자. 자릿수가 많은 나눗셈을 하는 것이 어렵다면 선생님에게 도움을 요청하자. 자전거에 대해 궁금한 점이 있다면, 자전거를 잘 아는 친구에게 물어보자. 질문을 하는 것은 절대 부끄러운 일이 아니다.

물론 질문을 할 때, 부끄러움을 느낄 수도 있다. 상대방의 말이나 몸짓에서 '그렇게 쉬운 것도 모르니?' 라는 생각을 읽는다면 정말 끔찍할 것이다. 실제로 누군가 그렇게 비웃는다면 어떻게 해야 할까? 그때에는 스스로에게 이렇게 질문을 해보자.

피할 수 없는 상황

만일 질문하는 일이 부끄럽게 느껴진다면, 스스로에게 이렇게 질문을 해보자. 필요하다면 여러 번 반복하는 것이 좋다. 무엇이 숙제인지 모를 때 선생님에게 숙제에 대해 물어보는 것이 부끄럽다면, 다음과 같이 스스로 대화를 나누어보자.

"숙제에 대해 질문했을 때, 나에게 일어날 수 있는 최악의 상황은 뭐지?"
다른 아이들이 나를 비웃거나, 내가 멍청한 질문을 하고 있다고 생각하겠지.

"그렇다면 아이들이 나를 비웃거나 질문이 멍청하다고 생각할 때, 나에게 일어날 수 있는 최악의 상황은 뭐지?"
내가 좀 창피하겠지.

"내가 창피하다고 느낄 때, 나에게 일어날 수 있는 최악의 상황은 뭐지?"
글쎄, 그렇게 나쁠 것 같지 않은데. 그럼 또 어때? 누구도 완벽할 수 없고 나는 그런 부끄러움을 금세 이겨낼 수 있어.

실제로 일어날 수 있는 최악의 상황은 사실 별것 아니다. 어쩌면 친구들이 하고 싶었던 질문을 대신 해 줘서 고맙게 생각할지도 모른다. 당연한 이야기지만 질문을 하지 않았을 때보다 질문을 했을 때 얻는 것이 훨씬 많다.

- 답을 알게 된다.

- 좀 더 많은 정보를 얻을 수 있다.

- 더 잘할 수 있는 기회가 생긴다.

수업 시간처럼 사람이 많을 때 질문할 용기가 없다면, 질문하기 좀 더 쉬운 시간을 이용해 보자. 예를 들어 쉬는 시간에 선생님에게 질문할 수도 있고, 수업 시작 전이나 방과 후에 질문할 수도 있다. 경우에 따라서는 이메일로 질문할 수도 있다.

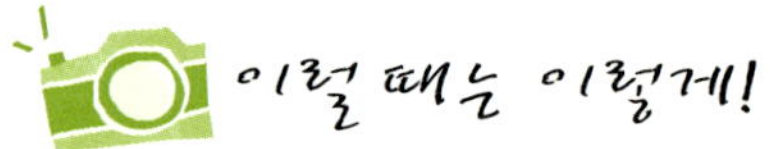

꼬리를 무는 질문과 요청

"선생님, 궁금한 게 있습니다."

"이 부분이 이해가 안 돼요. 다시 한 번만 설명해 주세요."

"방해하는 것 같아 죄송한데, 그 부분을 다시 한 번 더 듣고 싶어요."

"한 번만 더 말씀해 주세요. 왜 그렇게 돼요?"

"이건 정말 헷갈려요. 저 좀 도와주세요."

04 삐걱거리는 자전거 전략

고집을 부릴 필요가 있다면 삐걱거리는 자전거 전략을 활용하자.

앞서 소개한 세 가지 방법은 상대방이 말을 들으려 하지 않을 때에는 전혀 효과가 없다. 실제로 그런 일이 일어난다면, 좀 더 고집스러워질 필요가 있다. 이때 고집스럽다는 말은 결코 포기하지 않고 상대방이 말을 이해할 때까지 계속 반복하는 것이다. 특히 상대방이 심술궂게 굴거나 공정하지 못한 행동을 할 때 효과적이다. 누구나 존경받을 권리가 있기 때문에 상대가 누구라도 함부로 사람을 무시할 수는 없다.

철기가 학교 식당에서 밥을 먹기 위해 줄을 섰는데, 뒤늦게 식당에 들어온 덩치 큰 아이가 새치기를 했다. 그날따라 사람이 많아 한참을 기다린 철기는 약간 짜증이 난 목소리로 "야, 뒤에 가서 서."라고 말했다. 그렇게 말을 해놓고 철기는 약간 우쭐해졌다. 덩치 큰 아이에 맞서 자기주장을 했다는 사실이 스스로 자랑스러웠기 때문이다. 그런데 그 아이는 철기의 말을 비웃을 뿐 뒤로 가지 않았다. 사실 그 아이는 인기가 좋은 편이었기 때문에 오히려 철기가 바보같이 보일 수도 있는 상황이 되었다. 그렇다고 논쟁이나 싸움을 할 수도 없었다. 하지만 화가 난 철기는 더 이상 참을 수가 없었다. 새치기는 올바른 행동이 아니기 때문이다. 특히나 줄을 선 시간이 오래되었을 경우에는 더욱 그렇다. 철기는 목소리를 좀 더 높여 "야, 저기 뒤에 가서 서란 말야."라고 말했다. 그러자 그 아이가 대답했다.

"알았어, 알았다고."

이처럼 고집스러운 방법을 '삐걱거리는 자전거 전략'이라고 한다. 철기가 사용한 이 방법은 마치 자전거의 삐걱거리는 바퀴처럼 사람들에게 관심을 호소하는 일종의 신호라고 할 수 있다. 고장이 난 바퀴는 자전거 주인이 필요한 부분을 수리해 줄 때까지 계속 삐걱거린다. 우리도 마찬가지로 더 이상 괴롭힘을 당하지 않고 싶다면, 상대방이 괴롭히지 않을 때까지 거절의 신호를 보내고 또 보내야 한다. 상대방에게 존중을 받고 싶고, 진심으로 상대방의 행동을 바꾸고 싶다면, '삐걱거리는 자전거 전략'을 활용하길 바란다.

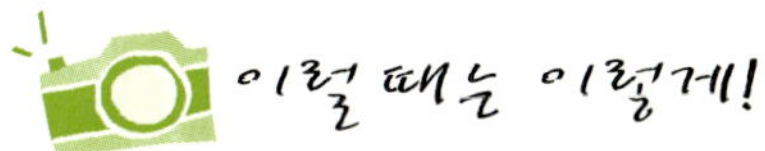

삐걱거리는 자전거 전략

1. 다른 아이들의 사물함을 뒤지는 친구의 행동이 마음에 들지 않을 때,

나 : 야, 내 사물함 좀 그만 뒤져!

친구 : 뒤지긴 누가 뒤져, 난 그냥 열어봤을 뿐이야.

나 : 진지하게 말하는 건데, 열어보는 것도 하지 말라고.

친구 : 뭘 그런 걸로 그래. 별 일도 아닌데.

나 : 너에겐 별 일이 아닐지 모르지만, 난 아니거든. 그러니까 하지 마!

친구 : 알았어, 알았다고.

2. 학교 컴퓨터실에서 한 친구가 컴퓨터를 독차지하고 있을 때,

나 : 이제 그만 해. 내 차례야.

친구 : 조금만 더 기다려. 다 했어.

나 : 지금까지 기다렸잖아. 이제 내 차례란 말이야.

친구 : 다 해간다니까 그러네. 방해 좀 하지 마.

나 : 나도 바빠. 지금은 내가 쓸 시간이야.

친구 : 바쁘다고 했잖아! 방해 좀 하지 마.

나 : 비켜주면 방해하지 않을게. 선생님이라도 부를까?

친구 : 알았어, 알았어. 이제 그만 할게.

3. 친구들이 영화를 보러 가자고 하는데 가고 싶지 않을 때,

나 : 같이 가자고 말해 줘서 고맙지만, 난 집에 가야 해.

친구 : 그냥 같이 가자. 집에 가면 뭐 하냐?

나 : 안 돼. 난 정말 집에 가야 해.

친구 : 왜?

나 : 오늘은 너무 피곤하단 말이야.

친구 : 극장가서 쉬면 되잖아.

나 : 미안한데, 그냥 난 집에 갈게.

친구 : 알았어. 그럼, 내일 보자.

만약 여러분이 이런 상황에 처한다면 주저하지 말고 앞서 소개한 방법들을 사용해 보자. '철기 이야기' 에서 철기는 '나' 로 시작하는 말을 사용했지만, 그것으로 충분하지 않았다. 그러자 철기는 '삐걱거리는 자전거 전략' 을 함께 사용했다.

'삐걱거리는 자전거 전략'이 통하지 않을 때

간혹 힘세고 거친 아이들에게 '삐걱거리는 자전거 전략'을 사용했다가 오히려 피해를 보는 경우가 있다. 그런 아이들에게 계속 자기주장을 하는 것은 옳지 않다. 대신에 아무 말도 하지 말고, 그냥 그 자리를 떠나서 도움을 줄 수 있는 어른을 찾는 것이 좋다. 이것을 '작전상 후퇴 전략'이라고 부르는데, 이 책의 124쪽에서 확인할 수 있다.

이 장에서 배운 방법들은 모두 큰어치처럼 단호해지기 위한 것이다. 상대방이 자신을 공정하게 대하지 않거나 존중하지 않을 때, 이 네 가지 방법을 사용하자. 다만 단호해진다는 것이 꼭 심술궂거나 거칠게 행동하는 것을 뜻하는 게 아님을 기억해야 한다. 자기의 생각을 굽히지 않고 소신껏 표현하기란 쉬운 일이 아니며 많은 연습과 확신이 필요하다. 한 가지 분명한 사실은 연습을 하면 할수록 더 쉽고 자연스러워진다는 것이다. 큰어치처럼 이제 우리도 단호하게 자기감정을 표현하자.

찌르레기에게 배우는,

'새로운 친구를 사귀는'
방법

2장

찌르레기에게 배우는, '새로운 친구를 사귀는' 방법

찌르레기는 둥지에서 새끼를 품고 있을 때를 제외하면 이 세상에서 가장 다정한 새이다. 들판에 서서 찌르레기 무리를 관찰하다 보면, 서로 수다 떠는 모습을 쉽게 볼 수 있다. 찌르레기는 새로운 친구를 사귀는 데 어려움을 겪지 않는다. 그저 가까이 다가가 말을 걸면 친구가 될 수 있다는 사실을 잘 알고 있기 때문이다.

상수 이야기

상수는 좀처럼 친구들과 어울리지 못했다. 워낙 수줍음이 많기도 했지만, 긴장을 해서 말을 더듬거나 말실수를 할까 봐 두렵기 때문이었다. 사실 상수는 또래 아이들과 어울리고 싶지만 무슨 말을 해야 하는지, 또 어떻게 행동해야 하는지 전혀 몰랐다. 그래서 친구들을 피해만 다녔다. 아라를 만나기 전까지는 그랬다. 누가 아라를 피해 다닐 수 있겠는가? "안녕! 상수야, 우리랑 놀지 않을래?", "상수야, 요즘 뭐

하고 지내?”, “너 수학 싫어하지?”, “상수야, 우리랑 같이 점심 먹을래?” 처음에 상수는 이러한 관심에 긴장을 했고, 아라를 모른 체하려고 했다. 하지만 아라는 포기하지 않았고, 조금씩 상수도 아라에게 다가가기 시작했다. 얼마 후, 아라는 상수에게 가장 친한 친구가 되었다. 그렇게 상수는 친구에게 대화하는 법을 배웠다. 간혹 혼자 있기도 했지만 상수는 친구들과 어울려 지내는 것을 좋아했고, 그것에 점점 더 편안함을 느끼기 시작했다.

친구는 학교생활을 더 쉽고 재미있게 하기 위해 꼭 필요하다. 친구가 있으면 함께 이야기할 수 있어 지루하지 않고, 단체 생활을 하면서 겪을 수 있는 갖가지 어려움도 쉽게 이겨낼 수 있다. 또 서로 숙제를 도와줄 수도 있고, 말다툼을 하더라도 내 편이 되어준다. 무엇보다 힘이 들거나 지칠 때, 함께 있어주고 힘내라고 격려도 해준다.

하지만 상수처럼 수줍음이 많은 아이에겐 친구를 사귀는 일이 쉽지 않을 것이다. 이야기하고 싶지 않을 때, 가만히 있는 것은 전혀 이상한 일이 아니다. 하지만 친구를 사귀고 싶다면 상대방을 다정하게 대할 필요가 있다. 다른 사람에게 친절하고 사려 깊게 행동하는 법과 말을 걸고 듣는 법을 배운다면 친구를 잘 사귈 수 있을 것이다.

찌르레기가 되어보자

찌르레기의 방법은 새로운 친구를 사귀거나 우정을 쌓을 때 사용하면 좋다. 물론 수줍음을 타거나 말없이 혼자 있고 싶을 때, 혹은 옆에 있는 사람이 불편하게 느껴질 때, 아무렇지 않게 말을 하기란 쉽지 않다. 하지만 아예 입을 다물고 있으면 친구는 멀어지기 마련이다. 다음의 방법에 따라 친구에게 한 걸음 더 가까이 다가가 보자.

다른 사람들과 좀 더 편안하게 지낼 수 있는 여덟 가지 방법

❶ 굳이 말을 하지 않더라도 함께 어울린다.

❷ 칭찬을 하거나 선물을 주고, 문을 열어주는 등의 친절을 베푼다. 

❸ 집에 전화가 오면 친절하게 받는다.

❹ 가게나 식당에 가면 먼저 말을 건다.

❺ 집에 찾아온 손님에게 반갑게 인사한다.

❻ 동아리나 단체에 가입한다.

❼ 자원 봉사를 하거나 도서관에서 일하고, 학교 행사에 참여한다.

❽ 주위 어른들은 어린 시절을 어떻게 보냈으며,

　힘들 때 어떻게 해결했는지 물어본다.

그 다음으로 할 일은 대화를 연습하는 것이다. 이 장에서 우리는 친구와 가족은 물론 말을 걸고 싶은 상대에게 이야기하는 방법을 배워야 한다. 이때 한 가지 주의할 점은 이러한 방법을 연습하기 위해 좀 더 편안한 상대인 친구나 형제자매, 아니면 부모를 찾아야 한다. 이렇게 많은 사람들과 자주 이야기를 나눌수록 말하는 것에 대한 부담이 줄어든다.

01 셜록 홈스의 대화법

대화를 시작하거나 대화에 참여하고 대화를 계속하고 싶다면
셜록 홈스의 대화법을 사용하자.

1800년대 말에서 1900년대 초에 영국의 추리소설 작가인 아서 코난 도일은 셜록 홈스라는 명탐정 이야기를 책으로 펴냈다. 그 후로 오늘날까지 셜록 홈스가 독자에게 사랑을 받고 있는 까닭은 그의 놀라운 추리력 때문이다. 실제로 셜록 홈스는 범죄 현장에 도착하면 그곳에 누가 있었는지, 언제 왔고, 언제 떠났는지를 꼬치꼬치 캐묻는다. 누가, 언제, 어디서, 무엇을, 어떻게, 왜 했는지

질문하는 것은 범인을 잡기 위한 추리 과정에서 가장 중요한 작업이기 때문이다.

대화를 시작하거나 대화에 참여하는 데 어려움을 겪고 있다면, 셜록 홈스가 되어볼 필요가 있다. 상대방에게 그동안 무엇을 하고 있었는지, 앞으로 무엇을 할 예정인지, 그의 생각을 물어보자. 가볍게 말을 꺼내기 좋은 화제로는 가족이나 애완동물, 취미 등이 있다.

1. 셜록 홈스의 대화법(기본편)

시작하기

"너 요즘 어떻게 지내니?"

"지난 주에 뭐 했어?"

"이번 주에는 뭐 할 거야?"

"여름휴가는 어디로 가니?"

"올 여름에는 뭐 할 거야?"

"여기에 왜 왔어?"

"넌, 뭐 하고 싶어?"

"너도 생일파티에 가니?"

"게임방에 갈 거니?"

"최근에 본 영화는 뭐야?"

"어떤 음악을 좋아하니?"

질문은 상대방의 굳게 닫힌 입을 열 수 있을 뿐만 아니라 대화를 멈추지 않게 하는 힘이 있다. 아무리 사소한 것이라도 질문을 하면, 상대방은 뭐든 대답하기 마련이다. 그리고 일단 대답을 하면 그 대답 속에서 새로운 화제를 찾아 다시 질문할 수 있고, 대답에 대한 느낌을 말하면서 대화를 계속 이어갈 수 있다.

이렇게 대화를 이어나가기 위해서는 '열린 질문'을 하는 것이 좋다. '열린 질문'이란 단순히 "예." 또는 "아니요."로 대답할 수 없는 질문이며, "예." 또는 "아니요."로 대답할 수 있는 것은 닫힌 질문이라고 한다. 닫힌 질문은 상대방뿐만 아니라 질문한 사람의 입도 막아버리기 때문에 닫힌 질문보다는 말문이 터지는 열린 질문을 해야 한다.

닫힌 질문	열린 질문
영어 시험이 어려웠지?	영어 시험에 어떤 문제가 나왔니?
너 밴드부에 들었니?	왜 트롬본을 배우려고 결정한 거야?
어젯밤에 텔레비전 쇼 봤어?	어젯밤 텔레비전 쇼에 대해서 어떻게 생각해?

2. 셜록 홈스의 대화법(심화편)

정보나 의견을 말하도록 하는 방법

"(특정 주제에 대해) 너는 그거 어떻게 생각해?"

"(최근 화제가 되고 있는 사건에 대해) 뭐가 문제라고 생각하니?"

"네 생각은 어때?"

"너는 뭘 좋아하니? 왜 그런데?"

"너는 어떤 선생님(또는 영화배우, 운동선수, 가수, 과학자)을 좋아하
 니? 왜, 어디가 그렇게 좋아?"

이런 질문을 던지고 난 후에 중요한 것은 꾸준히 상대방에게 관
심을 보이며 대답을 잘 들어야 한다는 점이다. 다음에 소개한 설
아의 이야기에서 상대방의 대답에 관심을 보이지 않았을 때 어떤
일이 나타나는지 살펴보자.

설아 이야기

오랜만에 정민이를 만난 설아는 여름방학에 놀이공원에 갔던 일을 신
나게 떠들어 댔다. "퍼레이드를 보고 난 다음에 롤러코스터를 타러
갔거든. 그런데 기다리는 사람이 너무 많은 거야. 정말 더워 죽는 줄

알았어!" 한동안 요란스럽게 수다를 떨던 설아가 갑자기 생각이라도 난 듯, 정민이에게 물었다. "그런데 넌 여름방학에 뭐 하고 지냈니?" 그러자 정민이가 환하게 웃으며 대답했다. "핸드볼 리그에 출전했는데, 정말 재미있었어." 정민이 말이 끝나기 무섭게 설아가 말했다. "굉장하구나. 농구는 정말 재미있는 스포츠인 것 같아!" 설아의 말에 정민이가 퉁명스럽게 말했다. "아니, 핸드볼이라니까!" 어느새 정민이 얼굴에는 미소가 사라졌다. 그러나 설아는 다시 이야기를 계속했다. "아하, 핸드볼이구나! 그나저나 그 다음에 우리는 뭘 탔는지 아니? 후룸라이드도 타고, 그 다음엔 귀신의 집에도 갔지. 처음엔 엄청 무서웠는데 막상 들어가 보니까 그렇게 무섭지도 않더라고." 설아의 말이 다 끝나기도 전에 정민이가 자리에서 일어섰다. "나중에 이야기 하자. 지금은 숙제 때문에……. 나 먼저 갈게."

정민이가 서둘러 자리를 떠난 것은 설아가 정민이의 말을 건성으로 들었기 때문이다. 질문을 한 사람이 대답을 듣지 않는다면 누가 대화를 하고 싶겠는가? 셜록 홈스가 질문만 해놓고 대답하는 것을 주의 깊게 듣지 않았다면 아마 훌륭한 탐정이 될 수 없었을 것이다. 그렇지만 그는 정보를 수집하고 이해하기 위해 언제나 상대방의 말에 귀를 기울였다.

친구의 말을 듣지 않고 자기 말만 하는 사람과는 대화를 할 수 없다. 그것은 대화가 아니라 그저 목청과 입을 움직이는 것에 불과하다. 실제로 말을 할 때 상대방의 말을 듣지 않는다면, 새로운 친구를 사귀기도 어렵고 우정을 쌓을 수도 없다.

만약 선생님이 수업 시간에 "잘 들어라. 이것은 시험에 나올 수 있다."라고 한다면, 누가 그 말을 듣지 않겠는가? 친구의 말을 들을 때에도 마찬가지이다. 마음속에 떠오르는 잡념을 모두 버리고, 상대방의 말에 귀를 기울여야 한다. 제때 질문을 하고 제때 맞장구를 치며 열심히 듣고 있다는 것을 보여주자. "그러니까 민정이가 널 가장 나중에 지목해서 기분이 나빴다는 얘기지?", "그 말은 수학을 별로 좋아하지 않는다는 말로 들리는데?"처럼 하면 된다. 상대방의 말을 잘 듣고 있다는 것을 보여주기 위해 관심을 북돋는 말로는 "무슨 말인지 알겠어.", "이해해.", "다음에 무슨 일이 일어났지?"처럼 하면 된다. 끝으로 상대방의 동작언어에도 주의를 기울여야 한다. 상대방이 "난 괜찮아."라고 말할 때, 얼굴에 슬픔이 가득하다면 그가 괜찮지 않다는 것을 알 수 있다. 그럴 경우에는 상대방의 감정에 좀 더 주의를 기울여야 한다.

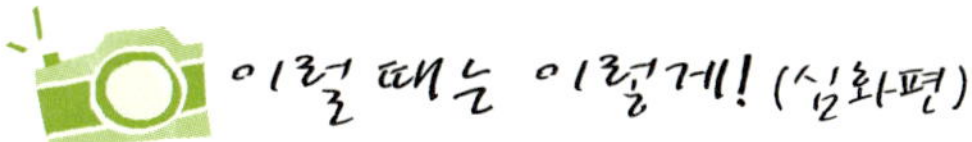

3. 셜록 홈스의 대화법(심화편)

다른 재미있는 질문들

"자주 들어가는 사이트 있어?"

"어떤 요리할 수 있어?"

"커서 뭐가 되고 싶니?"

"만약에 너에게 1천만 원이 생긴다면 그 돈으로 뭘 할 거야?"

"방학 때 어디 가고 싶니?"

"네가 좋아하는 야구(또는 축구) 선수는 누구야? 좋아하는 개그맨은 누구야?"

이런 질문이 몸에 배어 있으면 좋은 질문을 떠올리기 쉽고, 사람들에게 말을 거는 일도 부담스럽지 않다.

'나의 생각' 나누기

대화를 시작하거나 대화에 참여하고
대화를 계속하고 싶다면 자신의 생각을 말하자.

대화를 시작하고 대화를 계속 이어가기 위해서는 자신의 생각을 말해야 한다. 내가 먼저 나의 생각을 말한다면 상대방도 자신의 생각을 말할 것이다. 이야기를 나눈다는 말은 자신의 생각이나 관심, 계획, 그리고 감정 등을 상대방과 주고받는다는 뜻이다.

때때로 대화를 시작하기 위해서는 자신의 생각을 솔직하게 말할 준비가 되어 있어야 한다. 간혹 상대방이 먼저 자신의 생각을 말할 수도 있다. 그런 경우에는 화제에 살을 붙이거나 대화를 계속 이어가기 위해 나의 생각을 말해야 한다. 한 친구가 "난 오늘처럼 안개 낀 날이 싫어."라고 말한다면, "나도 이런 날씨가 너무 싫어. 차라리 비가 마구 쏟아지거나 바람이 부는 날이 더 좋아."라고 말할 수 있다. 또는 한 친구가 "나는 카드놀이를 좋아해."라고 말하면 "나도 카드놀이가 좋긴 한데 게임하는 게 더 좋아. 너도 게임 좋아하니?"라고 물어볼 수 있다.

이처럼 자신의 생각을 나눌 때에는, 진심어린 태도를 보이는 것이 중요하다. 결코 과장을 하거나 거짓말을 해서는 안 된다. 이야기를 나눌 때 중요한 것은 상대방이 자신에 대해 알 수 있도록 자신의 생각을 말하는 것이다. 이때 편안하고 친근하게 말해야 하며 자랑하거나 거드름을 피워서는 안 되고, 자신의 생각을 너무 많이 말해서도 안 된다.

자신의 생각을 말한 다음에는 상대방의 생각을 듣기 위해 질문을 할 수도 있다. 다음의 사례에서 어떻게 자신의 생각을 나누는 것이 셜록 홈스의 대화법과 자연스럽게 일치하는지 살펴보자.

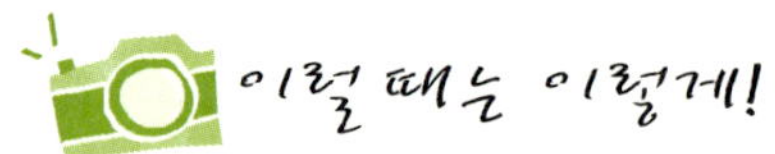

친구를 부르는 생각 나누기

대화를 시작할 때,

"난 좀 쑥스러운데, 너도 그러니?"

"너도 신입생이구나! 나도 그래. 좀 긴장된다."

"학교 식당치고는 음식이 괜찮네. 너는 어떤 거 같아?"

"이 컴퓨터 프로그램이 이상해. 너는 이상한 거 못 느꼈니?"

"나는 수학이 정말 싫어. 차라리 영어가 낫다니까. 넌 어떤 과목을 좋아
하니?"

"어젯밤에 축구 경기 진짜 재미있었지? 우리 팀이 결승전까지 갈 수 있
을까?"

대화를 계속 이어갈 때,

친구가 연극에 출연한다고 말할 때,

"이야, 너 정말 대단하다. 어떻게 연극에 출연할 생각을 했니? 엄청 떨
릴 것 같은데……."

친구가 국립공원에 갔다고 말할 때,

"난 한 번도 못 가봤는데, 정말 꼭 한번 가보고 싶다. 근데 거기에서 제
일 멋진 곳이 어디야?"

친구가 하루에 두 과목이나 시험을 봐야 한다고 말할 때,

"윽! 정말 끔찍하겠다. 근데 무슨 과목이니?"

친구가 수영 연습에 관해 말할 때,

"우와, 난 네가 그렇게 수영을 잘하는 줄 몰랐어. 안 힘들어?"

원하지 않는다면 굳이 자신의 생각을 말할 필요는 없다. 하지만 자신의 생각을 말하는 것은 대화를 즐겁게 할 뿐만 아니라 우정을 탄탄하게 만드는 일이기도 하다. 자신의 생각을 나눈 사람들은 서로 신뢰하고 좋아한다. 일방적인 우정은 바람직하지 않다. 친구의 생각을 듣기만 할 뿐, 자신의 생각을 말하지 않는 친구와는 우정이 이루어질 수 없다.

03 '37.5' 도의 말

친구를 존중하고 그에게 관심이 있다면 따뜻하게 말하자.

예의 바른 사람은 "부탁합니다.", "고맙습니다.", "실례합니다." 와 같은 말을 아끼지 않는다. 자신이 대접받고 싶은 방식으로 다른 사람을 대접하고 존중한다.

다른 사람에 의해 함부로 휘둘리길 원하는 사람은 아무도 없다. 우리는 다른 사람이 자신에게 해를 끼치는 것을 막기 위해 강력한 목소리로 자신의 생각을 말해야 할 때가 있다. 그러나 그런 상황에서도 예의를 지켜야 한다.

　　정중한 대화는 차가운 말이 아니라 '따뜻한 말'로 이루어진다. '따뜻한 말'은 정중하게 말하는 것 이상으로 말로 다른 사람을 돕는 것까지 의미한다. 외롭고 지친 사람을 격려하고, 착한 일을 한 사람을 칭찬하는 것이 그것이다. 새로운 친구를 사귀기 위해 '따뜻한 말'을 해보자. 그리고 친구들에게 자신이 그들을 좋아하고 있음을 보여주자.

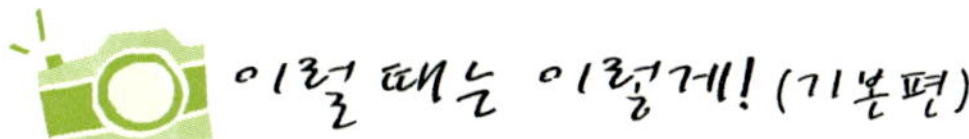

1. 공손하게 말하기

부모님에게 학교로 데리러 와줄 것을 부탁할 때,

"저 좀 데리러 와주실 수 있으세요?"

형이 텔레비전을 보고 있는데, 다른 채널로 돌리고 싶을 때,

"저 프로그램 끝나면 다른 것 봐도 돼?"

떨어뜨린 책을 누군가 주워주었을 때,

"고맙습니다."

선생님이 학교 숙제를 도와주었을 때,

"선생님, 도와주셔서 감사합니다."

통로에 서 있는 사람을 가로질러 가야 할 때,

"죄송하지만, 잠시만 지나갈게요."

2. 칭찬하는 말하기

친구가 시험에서 100점을 받았을 때,

"우와! 너 진짜 짱이다."

경기에서 승리한 상대 팀 투수를 통로에서 만났을 때,

"야, 너 정말 멋지더라. 너희 팀은 최고야!"

이모가 맛있는 저녁 식사를 차려주었을 때,

"맛있게 먹겠습니다."

동생이 머리카락을 자르고 왔을 때,

"정말 잘 어울리는데."

3. 격려하는 말하기

학교에 전학 온 학생이 혼자서 우두커니 앉아 있을 때,

"안녕, 내 이름은 설희야. 넌 어디서 전학 왔어?"

유치원 아이가 초등학교 1학년 학생에게 괴롭힘을 당하고 있을 때,

"야, 너 왜 그래! 내 동생 괴롭히지 마!"

운동장에서 놀던 아이가 발목을 삐어 고통스러워할 때,

"얼음찜질을 하면 나을 것 같은데……. 선생님께 말씀드리고 올게. 잠깐만

 기다려."

경기에서 패배한 상대 팀의 선수를 만났을 때,

"너희 팀도 잘하더라. 정말 막상막하였다니까!"

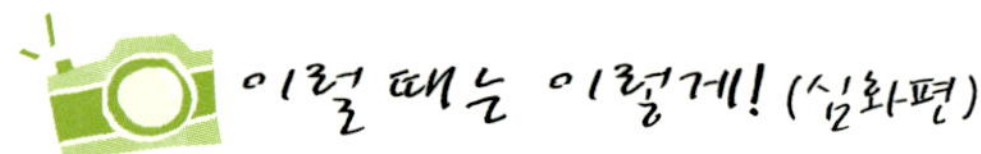

호의 베풀기

학교 식당에서 한 학생이 우유를 쏟고 그것을 냅킨으로 닦고 있을 때,

"냅킨 좀 더 가져다 줄까?"

친구가 도서관에 책을 반납하기 위해 도서관에 가고 있을 때,

"나도 도서관에 가는 길이거든. 내가 네 것도 함께 반납해 줄까?"

할머니가 쓰레기를 버리려고 할 때,

"잠깐만요, 할머니! 제가 해드릴게요."

여동생이 자기 배낭을 찾지 못하고 있을 때,

"내가 같이 찾아봐 줄게."

아버지가 짐을 나르고 있을 때,

"아빠, 나머지는 제가 들고 갈게요."

 연습 시간

친구나 가족을 상대로 이 장에서 배운 모든 방법을 활용하여 대화를 나누어

보자.

1. 주제를 정한다.

어떤 이야기를 나누고 싶은지 주제부터 정한다.(예:만화책에 관한 이야기)

2. 셜록 홈스의 대화법을 사용한다.

질문을 한두 가지 생각해 본다. 만일 주제가 만화책에 관한 것이라면 이런 질문을 할 수도 있다. "네가 좋아하는 만화책은 어떤 거지?", "네가 좋아하는 주인공은 누구야? 왜 좋아해?"

3. 자신의 생각을 말한다.

주제에 맞게 자신의 생각을 한두 가지 말한다. 예를 들어, 자신이 좋아하는 작가나 만화책을 말할 수도 있고, 어떤 종류의 만화책을 좋아하는지 말할 수도 있다.

4. '37.5도'의 체온이 느껴지는 따뜻한 말을 한다.

행동으로 옮길 수 있거나 말로 할 수 있는 것을 한두 가지 생각해 본다. 예를 들어, 상대방에게 좋아하는 만화책을 빌려줄 수도 있고, 아니면 상대방이 가지고 있는 만화책에 대해 칭찬을 할 수도 있다.

5. 앞서 말한 것을 모두 조합한다.

이야기 목록에서 한 가지 질문을 골라 상대방과 함께 대화를 나눈다. 화제가 다 떨어지면, 다시 이야기 목록으로 돌아가 새로운 질문을 골라 이야기를 시작한다.

대화 상대와 함께 여러 가지 방식의 대화를 연습해 보자. 반드시 이 세 가지 방법을 다 활용할 필요는 없지만 세 가지 방법을 연습해 보면 이야기하는 것이 한결 편해지는 것을 느낄 수 있을 것이다.

비둘기에게 배우는,
'논쟁이나 싸움을 끝내는
방법

3장

비둘기는 대부분의 시간을 그늘진 횃대에 앉아 구구거리며 한가롭게 보낸다. 비둘기의 울음소리는 자연에서 들리는 가장 부드러운 소리 가운데 하나이다. 수천 년 동안, 비둘기는 평화의 상징이었다. 고대 그리스에서 에로스의 품에 안겨 있던 비둘기는 사랑의 상징이었고, 고대 일본에서 칼을 물어 나르는 비둘기는 전쟁의 끝을 알리는 상징이었다. 이제 우리는 비둘기에게서 논쟁이나 싸움을 끝내는 방법을 배울 차례이다.

새로 친구를 사귀어 끈끈한 우정을 나누고 있다 해도, 항상 사이 좋게 지내기란 쉽지 않다. 가족과는 설거지나 청소와 같은 사소한 문제로 다투기도 하는데 친구라고 다르겠는가? 흔히 우리는 친구 때문에 주먹을 휘두를 수도 있고, 휴대용 게임기를 먼저 사용하겠다고 말다툼을 할 수도 있다. 이처럼 친한 친구들도 때로는 주먹을 휘두르고 말다툼을 하기도 한다. 이는 갈등의 한 형태이며, 살다 보면 이러한 갈등을 피하는 것이 불가능할 때도 있다.

갈등은 사소한 일 때문에 생기기도 한다. 텔레비전 채널 때문에 목소리를 높이고, 마지막 남은 케이크 한 조각 때문에 다투기도 한다. 물론 갈등이 더 심한 경우도 있다. 축구 경기를 보면서 큰 소란이 일어나기도 하고, 모둠별 과제를 놓고 서로 마찰을 일으키기도 한다. 이처럼 갈등의 원인은 이루 헤아릴 수 없을 만큼 많지만, 대체로 상대방을 존중하지 않거나 규칙을 따르지 않을 때 생긴다.

갈등이 생기는 것은 유쾌한 일이 아니다. 친한 친구와 싸우고 나면 기분이 불쾌해진다. 낯선 사람과 다투었을 때에도 화가 나거나 슬프긴 마찬가지이다. 어떤 갈등은 엄청난 피해와 고통을 야기한다. 만일 갈등이 아주 심각하거나 너무 오래 지속된다면 끔찍한 상황을 불러올 수도 있다.

갈등을 피하는 방법은 매우 간단하다. 다른 사람의 말에 귀를 기울이기만 하면 된다. 이는 상대방에 대한 존중을 의미하며, 궁극적으로 그가 무엇을 원하는지 알 수 있게 해준다.

비둘기가 되어보자

갈등은 저절로 해결되지 않기 때문에 적어도 한 사람은 갈등을 해결하기 위해 적극적으로 나서야 한다. 즉, 갈등은 해결사를 필요로 한다.

양원이와 태철이는 학교에서 피구 경기를 하고 있었다. 경기가 후반부에 접어들자 각 팀의 아이들은 모두 공을 맞고 원 밖으로 나가고, 두 사람만 남게 되었다. 양원이는 있는 힘껏 공을 던졌고, 그 공이 태철이 손에 맞았다고 생각했다. "야! 이겼다." 양원이가 소리쳤다. "공이 빗나갔어." 태철이가 항의를 했다. "아냐, 공이 네 손에 닿았잖아." 양원이가 어이없다는 표정을 지었다. "아니라니까, 맞았으면 내가 알지." 태철이도 억울하다는 표정이었다. 결국 양원이는 화를 내며 "넌 거짓말쟁이야!"라고 소리쳤다. "넌 정말 유치해." 태철이는 그런 양원이의 행동을 비웃었다. "가자, 애들아. 재들은 거짓말쟁이야." 양원이는 자기 팀 아이들을 돌아보며 소리쳤다.

양원이와 태철이 이야기에서 두 사람 가운데 한 사람은 피구가 싸울 만큼 중요한 것이 아니라는 사실을 알고 있어야 한다. 태철이는 "난 내가 공에 맞았다고는 생각하지 않아. 하지만 네가 그렇게 생각한다면 밖으로 나갈게."라고 말할 수도 있었다. 아니면 양원이가 "내가 잘못 봤을지도 몰라. 다음번엔 확실하게 맞춰야겠는걸."이라고 말할 수도 있었다. 어느 쪽이든 화를 내지 않고 갈등을 원만하게 해결했다면 피구 경기를 계속 할 수 있었을 것이다. 이처럼 비둘기의 방법은 우리에게 해결사가 되어 갈등을 해결할 수 있도록 도움을 준다.

사소한 일로 트집을 잡지 않는다면 대부분의 갈등은 얼마든지 피할 수 있다. 자기 자신과 다른 사람을 보호하거나 상대방의 요구를 거절할 때에는 확실히 단호해질 필요가 있다. 그런데 양원이와 태철이처럼 경기 결과를 놓고 싸우는 일은 황당한 일이다. 누가 수영 경기에서 이겼는지, 누가 수학을 더 잘하는지, 어느 학교가 더 좋은지, 누가 쓰레기를 버릴 차례인지, 누가 좋은 스케이트보드를 가졌는지를 놓고 말싸움을 벌이는 것은 정말 어리석은 일이다. 사소한 일에 대한 의견이 달라 큰 싸움이 시작된다는 사실을 알아야 한다.

01 동전 던지기

사소한 싸움이 더 커지지 전에 빨리 해결하고 싶다면 동전을 던져라.

대부분의 갈등은 사소한 일에서 시작한다. 하지만 어느 누구도 갈등 상황을 해결하려고 하지 않는다면, 사소한 일로도 크게 다툴 수 있다. 갈등을 바로 해결하고자 한다면 빠르고 공정한 방법을 찾는 것이 무엇보다 중요하다.

만약 일의 순서를 결정하거나 의견을 교환할 때, 서로의 의견이 일치하지 않으면 동전을 던져 문제를 해결할 수 있다. 누구나 한 번쯤 이런 방법을 사용해 보았을 것이다. 축구 경기를 시작할 때에도 심판들은 동전을 던져 어느 팀이 먼저 공격할 것인지를 결정하는 것처럼 말이다.

이럴 때는 이렇게!

교실에서 컴퓨터를 사용하고자 하는 사람이 많을 때,

"어느 팀이 먼저 컴퓨터를 사용할지 동전으로 결정하자."

설거지나 빨래와 같은 집안일을 거들어야 할 때,

"동전을 던져 이긴 사람이 하고 싶은 일을 선택하는 건 어때?"

쓰레기를 분리수거해야 하는데, 누구 차례인지 아무도 기억하지 못할 때,

"동전을 던져서 진 사람이 쓰레기를 버리지."

자칫 갈등을 초래할 수 있는 상황에서 이렇게 단순한 방법으로 문제를 간단하게 해결할 수 있다. 이외에도 번호 뽑기와 사다리 타기, 가위바위보 등을 이용할 수 있다.

협상의 시간, 그 첫 번째

심각한 문제를 해결하고자 할 때, 해결을 위한 협상의 시간을 선언하자.

만일 문제가 동전 던지기로 해결하기에 너무 심각하게 느껴진다면 문제 해결을 위한 협상의 시간을 선언하자. 협상의 시간이란 갈등을 해결하기 위해 논쟁을 멈추고 논의를 시작하는 것을 의미한다. 이때 무엇보다 중요한 것은 갈등을 해결하겠다는 굳은 결심이다. 갈등이 깊어지면 감정의 골도 깊어지게 되는데 감정적인 마찰은 문제 해결의 장애물이 될 뿐이다. 그러므로 감정에 휘둘리지 말고, 해결책을 제시하기 위해 노력하는 사람이 되어야 한다.

학교에서 배구 코트를 이용하는 문제와 관련하여 다른 반 아이들과 말다툼을 하게 되었다면, 감정이 고조되기 전에 어떻게 통제할 수 있을까?

상생의 전략

가장 좋은 해결책은 어느 한쪽이 이기고 다른 쪽이 지는 것이 아니라 모두가 이기는 것이다. 서로 잃는 것보다 얻는 것이 많다면 협상이 이루어질 수 있다. 이것을 '상생의 전략'이라고 한다. 반대로 해결책이 어느 한쪽에게만 기쁨을 준다면 다른 쪽은 불만을 가질 것이고, 갈등 상황은 그대로 남게 된다. 현경이가 친구와 다퉜을 때 어떤 일이 벌어졌는지 살펴보자.

현경이와 혜영이가 함께 그림을 그리고 있었다. "하늘색 물감 좀 줄래?" 혜영이가 현경이에게 부탁했다. "그래. 근데, 하늘색 물감이 조금밖에 안 남았으니까 다 쓰면 안 돼." 현경이가 말했다. "어쩌지? 이걸 다 써도 모자랄 것 같은데." 혜영이가 대답했다. "하지만 나도 하늘색 물감이 필요한걸." 현경이가 걱정이 되는 목소리로 말했다. "그렇지만 내가 먼저 말했으니까 내가 먼저 쓸게." 혜영이가 말했다. "그건 말도 안 돼. 다른 방법이 있을 거야." 현경이가 말했다. "아냐, 이 방법밖에 없어. 넌 그냥 다른 물감이나 찾아봐." 혜영이가 냉정하게 말했다.

현경이는 혜영이가 제안한 방법을 좋은 해결책이라고 생각할까? 절대 그럴 리 없다. 또 다른 예를 살펴보자. 아이스크림을 먹고 싶어 하는 오누이가 있다고 가정하자. 아이스크림은 하나뿐인데 오빠가 무슨 일이 있어도 아이스크림을 먹겠다고 우긴다면, 여동생은 오빠의 말을 순순히 따를까? 두 사람 모두 만족할 만한 해결책이 나오지 않는 한, 문제는 해결되지 않을 것이다. 따라서 아이스크림을 반으로 잘라 반쪽씩 먹거나 아이스크림을 하나 더 사서 각자 한 개씩 먹는 해결책을 내놓아야 한다. 이렇게 해야 두 사람이 불만을 느끼지 않는다.

원하는 것을 모두 얻지 못할 경우에는 타협이 필요하다. 서로가 원하는 것을 조금이라도 얻으려면 자신이 원하는 것을 포기할 줄도 알아야 한다. 아이스크림을 나눠 먹는 것은 타협이다. 오빠와 동생 모두 온전한 한 개의 아이스크림을 먹고 싶겠지만, 나눠 먹는 것이 아이스크림을 사기 위해 가게에 가는 것보다 손쉬운 방법이다. 좋아하는 것을 반으로 나눔으로써 둘 다 아이스크림 반쪽을 포기하였지만 그나마 아이스크림 반쪽이라도 먹을 수 있게 되었다. 이는 양쪽 모두를 만족시킬 수 있는 최선의 방법이다.

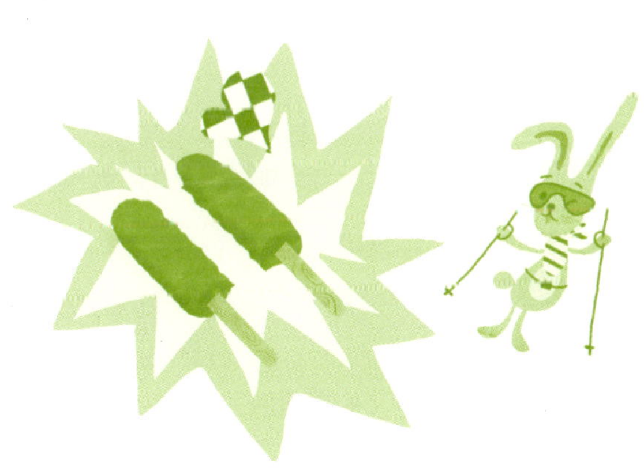

문제 해결을 위한 협상의 시간

❶ 갈등을 해결하겠다는 결심을 한다.

❷ 문제가 무엇인지 정의를 내린다. 정확히 갈등의 내용이 무엇이고, 어떤
일이 일어나기를 바라는가? 상대방은 무엇을 원하는가?

❸ 서로가 만족할 만한 해결책을 찾아보고, 그것을 상대방에게 제안한다.
상대방의 생각을 물어보자.

❹ 해결책을 결정하고 실행에 옮긴다.

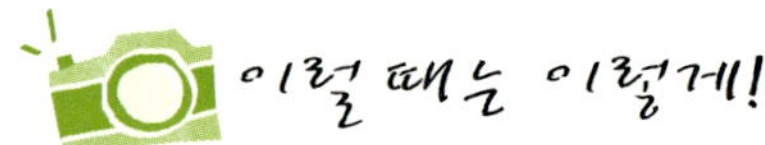

1. 협상의 시간

협상의 시간을 갖기 위한 절차에는 네 가지가 있다. 이외에 다른
해결책이 있는지 생각해 보자.

갈등 상황

미국 대통령을 조사하는 숙제가 주어졌는데, 두 사람이 아브라함
링컨을 조사하려고 한다.

해결책

갈등을 해결하겠다고 결심한다.

"우리 둘 다 원하는 걸 얻을 수 있는 방법이 있을 거야. 그걸 한번 찾아보자."

문제가 무엇인지 정의를 내린다.

두 사람 모두 같은 대통령을 조사하고 싶어 한다.

서로가 만족할 만한 해결책을 찾아보고, 그것을 상대방에게 제안한다.

선생님이 허락한다면, 함께 보고서를 작성한다.

해결책을 찾았으면, 실행에 옮긴다.

재훈이는 정희가 자신에게 거짓말을 했다고 오해하여 화를 내고 있다. 사실 정희는 거짓말을 하지 않았다. 그러나 재훈이는 거짓말을 하지 않았다는 정희의 말을 들으려고도 하지 않는다. 그 때문에 정희 역시 화가 났고, 둘은 소리를 지르며 다투고 있다.

해결책

✋갈등을 해결하겠다고 결심한다.

화를 가라앉히고 다음과 같이 말한다. "누군가 너에게 거짓말을 했다면 화가 나겠지. 그렇지만 싸우지 않고 해결할 수 있는 방법을 생각해 보자."

✌문제가 무엇인지 정의를 내린다.

재훈이는 정희가 거짓말을 했다고 생각해서 화가 났다. 정희는 재훈이가 자신의 말을 믿지 않아서 화가 났다. 정희가 거짓말을 하지 않았다는 것을 증명하기만 하면 된다.

🤟서로가 만족할 만한 해결책을 찾아보고, 그것을 상대방에게 제안한다.

두 사람 모두 화를 가라앉힐 만한 시간이 흐른 뒤에 전화를 건다. 어떻게 거짓말이 시작되었는지 확인한다. 무슨 일이 일어났는지 선생님이나 부모님에게 도움을 청한다.

✋해결책을 찾았으면, 실행에 옮긴다.

딸이 귀를 뚫겠다고 하자 어머니가 반대한다.

해결책

갈등을 해결하겠다고 결심한다.

예를 들어 "엄마, 우리 모두 만족할 만한 해결책을 찾아봐요?"라고 제안한다.

문제가 무엇인지 정의를 내린다.

딸은 귀를 뚫고 싶지만 어머니는 반대한다.

👋 서로가 만족할 만한 해결책을 찾아보고, 그것을 상대방에게 제안한다. 스스로 자신의 행동을 책임지고 결정할 수 있는 나이를 정하자. 어머니와 함께 귀를 뚫어주는 가게에 가서 상담을 한다. 혹은 귀를 뚫은 것처럼 보이는 귀고리를 착용한다.

👋 해결책을 찾았으면, 실행에 옮긴다.

 연습 시간

최근에 일어난 갈등을 떠올려 보자. 예를 들어 침실의 청소 문제로 형과 다툰 적이 있는가? 아니면 좋아하는 가수가 서로 달라 친구와 다툰 적이 있는가? 그러한 갈등 상황에 대해 생각할 수 있는 만큼 해결책을 적은 후, 모두를 만족시킬 수 있는 해결책을 생각해 보자. 이러한 훈련을 통해 새로운 갈등 상황에 대처하는 능력을 기를 수 있다.

중재자의 역할

타협이나 협상에 전혀 관심이 없고 자기 식대로 문제를 판단하는 사람도 있다. 이런 사람들은 기본적으로 해결책을 찾으려고 하지 않는다. 이때에는 서로가 만족할 수 있는 공정한 해결책을 찾기 위해 중재자가 필요하다. 중재자는 싸움의 당사자들이 하는 말을 듣고 해결책을 제시하는 사람이다. 이는 어른들의 세계에서 늘 일어나는 일이다. 어른 두 명이 어떤 문제를 놓고 타협하지 못하면, 그들은 그 문제를 법정으로 가져간다. 법관이 중재자인 셈이다.

만약 서로에게 만족할 만한 해결책을 찾지 못했다면, 부모님이나 선생님, 혹은 중재자가 될 수 있는 어른에게 부탁해 보자. 갈등 상황에 처한 사람은 자신의 입장을 중재자에게 모두 말하고, 어떻게 갈등을 해결해 주기를 원하는지 솔직하게 설명하자. 틀림없이 중재자는 모든 내용을 듣고 난 후에 한두 가지 해결책을 제시할 것이다.

03 숨 고르기

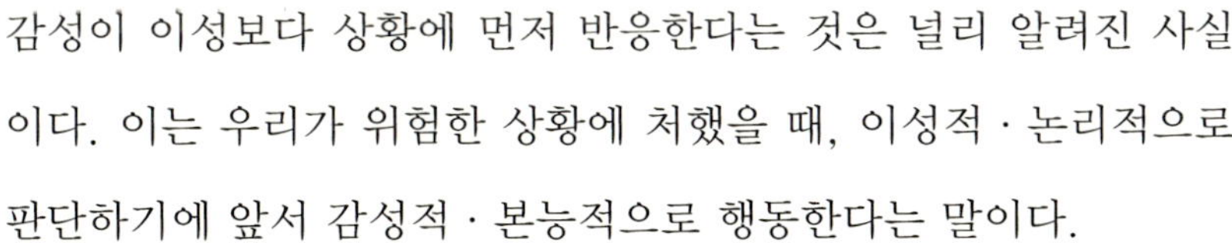

화가 머리끝까지 치밀었다면, 화가 난 마음이 가라앉을 때까지 기다리자. 그래야만 문제를 해결할 수 있다.

감성이 이성보다 상황에 먼저 반응한다는 것은 널리 알려진 사실이다. 이는 우리가 위험한 상황에 처했을 때, 이성적·논리적으로 판단하기에 앞서 감성적·본능적으로 행동한다는 말이다.

뱀과 비슷하게 생긴 물체만 보아도 그것이 진짜 뱀인지 아닌지 생각할 겨를도 없이 깜짝 놀라 반사적으로 몸을 움츠리거나 그 자리를 피하게 된다. 마찬가지로 누군가 자신에게 심한 말을 했다면, 반사적으로 그에게 심한 말을 퍼붓게 될지도 모른다.

그럴 때에는 화가 난 마음을 가라앉힐 수 있는 숨 고르기가 필요하다. '숨을 고른다'는 말은 말싸움을 멈추고 상대로부터 거리를 둔다는 의미이다. 무작정 걷거나 농구를 하는 것도 좋고, 책을 읽거나 그림을 그리는 것도 좋다. 자신의 현재 감정을 글로 쓰는 것도 좋은 방법이다. 어떤 방법이든 문제 상황에서 한 발짝 떨어져 있는 동안에 조금씩 화가 가라앉기 마련이다. 그리고 그쯤 되면 뒤늦게 반응하기 시작한 이성이 싸움의 해결책을 내놓을 것이다.

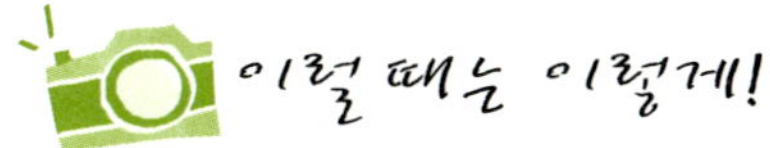

다음에 제시된 스무 가지 숨 고르기 방법 가운데 어떤 방법이
자신에게 가장 적합한지 생각해 보자.

1. 달리기를 한다.

2. 좋아하는 가수의 음악이나 노래를 듣는다.

3. 좋아하는 음식을 먹는다.

4. 자전거나 스케이트보드, 아니면 인라인 스케이트를 탄다.

5. 시를 짓거나 랩의 가사를 만들어 본다.

6. 숙제를 한다.

7. 형제나 자매의 숙제를 도와준다.

8. 친구에게 전화를 걸거나 이메일, 문자 메시지 등을 보낸다. 이때 불쾌한
감정에 대해서는 말하지 않는다.

9. 좋아하는 블로그나 웹사이트에 방문한다.

10. 책을 읽는다.

11. 게임을 한다.

12. 청소를 한다.

13. 정글짐에 올라간다.

14. 낮잠을 잔다.

15. 목욕을 한다.

16. 샤워를 하면서 노래를 부른다.

17. 그림을 그린다.

18. 개를 산책시킨다.

19. 나무에 올라간다.

20. 가족의 옛날 사진을 본다.

벌새에게 배우는,

'놀림이나 괴롭힘을 막는

방법

4장

벌새에게 배우는, '놀림이나 괴롭힘을 막는' 방법

벌새는 세상에서 가장 작지만 가장 용감한 새이다. 개, 고양이, 매는 물론 사람이 자기 영역을 침범하면, 숨거나 도망치기는커녕 공격을 한다. 벌새 가운데 작은 것은 말벌 크기밖에 안 되지만, 힘차게 날갯짓을 하며 낯선 침입자를 위협한다. 만약 덩치 큰 친구가 놀리거나 괴롭힌다면 피하지 말고 벌새처럼 당당하게 맞서자.

우리 모두는 누군가에게 놀림이나 괴롭힘을 당한다. 이는 기분 나쁜 일이지만, 기분 좋은 경우도 있다. 가족의 그러한 행동은 친밀한 사이에서만 이루어지는 일종의 장난이다. 하지만 만약 학교에서 거칠게 구는 아이가 기분 나쁜 장난을 치며 놀리거나 괴롭힌다면 그것도 유쾌한 일이라고 말할 수 있을까?

놀림이나 괴롭힘의 정도가 심할 경우에는 단순히 장난이라고 하기 어렵다. 왜냐하면 그러한 말이나 행동이 다른 사람에게 상처를 입히기 때문이다. 불쾌한 장난이나 나쁜 소문 퍼뜨리기, 무시하기, 때리기, 밀치기, 위협하기, 공책이나 책을 찢거나 던지는 일은 모두 정도가 심한 경우에 해당한다.

이런 식의 놀림이나 괴롭힘은 결과적으로 갈등을 불러오며, '동전 던지기'나 '협상의 시간', '숨 고르기' 등의 방법으로 문제를 해결할 수 없다. 제멋대로 행동하며 친구들을 괴롭히는 아이는 문제를 해결하는 데 관심이 없거나 문제를 해결하는 방법을 잘 모르기 때문이다. 몇몇 아이들은 오직 싸움을 걸고 싶어 한다. 상대방에게 상처를 입혀야 싸움에서 이기는 것이라고 생각한다. 그렇기 때문에 상생의 전략이 소용없다. 한 가지 유일한 해결책이 있다면 그것은 더 이상 친구들을 괴롭히지 못하게 만드는 것이다.

벌새가 되어보자

앞서 살펴보았듯이 제멋대로 행동하며 친구들을 괴롭히는 아이들은 약한 친구들을 자기 마음대로 하기를 원한다. 이를 위해 친구들을 울리기도 하고, 화나게 만들거나 겁먹게 한다. 만약 이런 아이들이 자신을 괴롭힌다면 어떻게 해야 할까? 답은 간단하다. 결코 그 아이가 원하는 대로 행동해서는 안 된다. 울지 말고, 화내지 말고, 겁먹지 말자.

비록 화가 나더라도 그것을 겉으로 표현해서는 안 된다. 자신을 괴롭히는 아이 앞에서 울거나 화를 낸다면 그 아이의 뜻대로 행동하는 셈이다. 자신을 스스로 통제한다는 사실을 보여주자. 그 아이가 원하는 대로 반응하지 않는다면, 괴롭히는 행동을 멈출 것이다. 벌새의 방법을 통해 만만한 상대가 아니라는 걸 알렸기 때문이다.

범이가 운동장에 나타날 때마다 한 무리의 남자 아이들이 범이를 괴

롭히곤 했다. 범이는 그 아이들이 "이봐, 땅꼬마. 이쪽으로 와봐."하고 소리칠 때마다 가슴이 철렁 내려앉는 느낌이었다. 그 아이들은 범이의 야구 모자를 벗기거나 범이를 땅바닥에 넘어뜨리곤 했다. 한번은 '선생님의 귀염둥이'라고 놀리며, 운동장을 기어 다니게도 했다. 범이는 친구들과 축구하는 것을 좋아했지만 이제는 그럴 수 없게 되었다. 운동장을 피해 다녔고, 학생 식당이나 화장실에서 시간을 보내곤 했다. 한번은 아픈 척을 해서 학교에 가지 않으려고 한 적도 있었다. 그렇다고 부모님이나 선생님께 그런 사실을 말할 수도 없었다. 그 아이들이 사실을 말하면 혼을 내주겠다고 협박을 했기 때문이다. 범이는 비참한 기분이었지만 무엇을 어떻게 해야 할지 도무지 몰랐다.

제멋대로 행동하는 아이에게 괴롭힘을 당하는 것은 결코 범이의 잘못이 아니다. 괴롭혀 달라고 요구하지도 않았고, 그런 일을 당할 만큼 잘못한 일도 없다. 괴롭힘을 당하는 것은 고통스러운 일이다. 참을 수도 없지만 참아야 하는 일도 아니다. 학교나 버스에서 혹은 가정에서 자신에게 상처를 입히거나 겁을 주고 수치스럽게 만들 권리를 가진 사람은 아무도 없다.

하지만 현실에서는 그런 일이 곧잘 일어난다. 친구들을 괴롭히는 아이들은 상대방을 자기 마음대로 할 수 있다는 것에 즐거움을 느낀다. 상대방이 고통을 받을수록 자신의 힘이 강하다고 생각할 뿐만 아니라 그것이 자기가 원하는 것을 얻을 수 있는 유일한 방법이라고 믿고 있다. 상대방을 괴롭히는 일이 잘못된 행동이라고 배우지 못했기 때문이다. 특히 집에서 심하게 괴롭힘을 당하고 분노를 경험한 아이일수록 그러한 감정을 쉽게 다른 아이들에게 풀려고 하는 경향이 있다.

이유야 어찌 됐든지 다른 사람을 괴롭히는 것은 옳지 않은 일이다. 어느 누구도 범이가 느꼈던 감정을 느껴서는 안 된다. 이 장에서는 누군가 자신을 괴롭힐 때, 당장 그러한 행동을 멈추도록 하는 방법을 배우게 될 것이다. 이를 통해 더 끔찍한 상황을 예방할 수 있고, 문제 상황에 좀 더 확신을 갖고 대처할 수 있기를 바란다. 만약 이 방법으로 문제를 해결할 수 없다면 어른에게 도움을 요청하자. 도움을 요청하는 것은 절대 고자질이 아니다.

 솔직하게 말하기

친구를 심하게 괴롭히는 아이들은 괴롭힘을 당한 친구가 아무 말도 하지 않기를 원한다. 친구가 말을 하면 자신이 처벌을 받을 수밖에 없기 때문이다. 하지만 어른들이 그러한 사실을 모른다면 어떻게 친구를 괴롭히는 아이의 행동을 멈추게 할 수 있을까?

자신의 문제를 스스로 해결하지 못하는 소심한 아이들은 자기를 괴롭히는 아이에 대해 이야기하는 것을 두려워한다. 사실을 솔직하게 말하는 일이 고자질을 한다거나 징징거리는 나약한 행동으로 오해를 받을 수 있기 때문이다. 또 사실을 솔직하게 말했을 때, 더 심한 괴롭힘을 당할까 봐 두려워하기도 한다. 그러나 아무 말도 하지 않았을 때, 오히려 더 큰 괴롭힘을 당한다는 사실을 명심해야 한다.

학교는 학생들이 배움을 얻을 수 있는 안전한 장소를 제공할 의무가 있다. 그 말은 어떤 괴롭힘도 있어서는 안 된다는 뜻이다. 만일 누군가 심하게 괴롭힘을 당하고 있다면, 어른들-부모님, 선생님, 교장 선생님, 혹은 믿을 만한 사람-에게 개인적으로 찾아가 솔직하게 말하자. 만약 괴롭힘이 더 심해질까 봐 걱정이 된다면 그런 생각까지도 전부 이야기하자. 어른들에게 비밀과 보호가 필요하다는 사실을 강조하면 된다. 그것은 절대 고자질이 아니며 자신의 권리와 타인의 권리를 지키기 위해 적극적으로 행동하는 것이다.

괴롭힘을 피하기

괴롭힘을 막는 가장 적극적인 방법은 애초에 그런 일이 생기지 않도록 예방하는 것이다. 그러기 위해서는 당당하게 행동해야 한다. 누군가를 괴롭히기를 좋아하는 아이들은 숫기가 없거나 자신감이 없는 아이를 선택한다. 그런 아이들이라면 자신에게 대들 용기가 없어 보이기 때문이다. 당당하게 보이고 싶다면 다음과 같이 해보자.

- 똑바로 선다.
- 머리를 꼿꼿하게 들고 다닌다.
- 상대방의 눈을 당당하게 응시한다.
- 단호한 목소리로 말한다.

겁먹은 아이처럼 보이지 않는다면, 절대로 괴롭힘의 표적이 되지 않는다.

"오늘도 누가 날
괴롭히면 어쩌지?"

"그 누구도 날
괴롭힐 수는 없어!"

괴롭힘을 피하기 위해 친구들과 어울려 다니는 것도 좋은 방법이다. 제멋대로 행동하는 아이들은 대개 혼자 있는 친구를 괴롭힌다. 가능한 한 친구들과 어울려 다니는 것이 좋다. 만일 친구 사귀는 일이 어렵게 느껴지거나 부끄럽다면 찌르레기의 방법을 참고하여 도움을 줄 만한 사람을 찾아보는 것도 좋은 방법이다.

괴롭힘을 거부하는 '나' 메세지

제멋대로 행동하는 아이가 자신을 괴롭히는가?

그렇다면 '나' 로 시작하는 말로 "싫다."고 확실하게 말하자.

큰어치의 방법 중 '나' 로 시작하는 말의 힘을 기억하는가? 그것은 벌새의 방법에서도 이용할 수 있다. 놀림을 당한다면 '나' 로 시작하는 말을 사용하여 그런 행동을 멈추게 해야 한다. "제발 그만 해."나 "그만두지 못해!"라고 말하면 된다. 친구를 괴롭히는 아이들 가운데 재미로 그런 일을 할 뿐, 그것이 친구들에게 상처를 준다는 사실을 모르는 아이도 있다. 그런 경우라면, 그렇게 행동하지 못하게 말하는 것만으로도 효과가 충분하다. 이 방법이 통하지 않는다면 "내가 그만 하라고 했지. 이제 좀 그만 하라고!"와 같이 좀 더 강한 1인칭 주어 문장을 사용해야 한다. 또한 "내가 그만 하자고 했는데 왜 계속 괴롭히지?"와 같이 강한 질문을 할 수도 있다.

1인칭 주어 문장을 사용할 때에는 무엇보다 동작언어와 목소리가 중요하다. 당당하게 서서, 상대의 눈을 똑바로 쳐다보면 된다. 절대로 움찔해서는 안 된다. 분명하고 침착한 목소리로 말하되, 협박하거나 거친 말을 한다는 느낌을 주어서는 곤란하다. 정직하고 단호하게 말하자. 말을 다 했으면 그 자리에서 떠나야 한다.

연습 시간

단호한 목소리로 말하는 연습을 하자. 친구나 가족과 함께 연습하는 것이 좋
다. 자신의 달라진 모습에 불량한 친구가 깜짝 놀랄지도 모른다.

"난 네가 그만 했으면 좋겠어."

"난 네가 그런 거 하는 거 싫어. 그만 해!"

"날 그만 좀 괴롭혀."

"그만두지 못해!"

"관둬!"

02 무관심 전략

놀리거나 괴롭히는 아이에게 눈물을 보이거나 화를 내서는 안 된다. 때로는 무표정한 얼굴로 바라보고, 때로는 외면하며, 때로는 무시하자.

어깨를 으쓱하고 지나가는 것은 괴롭힘에 대응하는 가장 쉽고, 가장 빠르며, 가장 효과적인 방법이다. 어깨를 으쓱함으로써 자신을 괴롭히는 아이에게 전혀 관심이 없다는 것을 확실히 보여주자. 그 어떤 관심도 보이지 말고, 한 번 쓱 쳐다본 후, 그냥 지나치자. 간혹 미소를 짓거나 웃을 수도 있다. 그렇게 행동하면 "누가 신경이나 쓴대?", "그래서 어쩌라고?"와 같은 의미를 전달하는 셈이다. 그렇게 하는 것만으로 충분하다.

무표정한 운동선수의 성공담

텔레비전에서 운동경기를 보면 문제 상황에 무심한 듯 행동하는 운동선수들을 볼 수 있다. 대부분의 사람들은 마이클 조던을 가장 위대한 농구 선수라고 생각한다. 그는 무심한 듯 행동하는 것에 재주가 있었다. 다른 선수들은 그를 놀리거나 욕을 함으로써 그의 집중력을 방해하려고 애썼다. 그러나 조던은 때때로 소리를 내어 크게 웃기만 할 뿐, 오직 게임에만 집중했다.

동작언어가 매우 중요하다. '나'로 시작하는 말을 할 때에는 상대방의 눈을 똑바로 쳐다보아야 한다. 무관심의 전략을 사용할 때에는 상대방의 시선을 무시하는 것이 좋다. 항상 다른 곳을 쳐다보며 말도 걸지 말고 대답도 하지 말자. 그의 말에 신경 쓰지 않는다는 것을 확실하게 보여주어야 한다.

03 거짓 인정

놀리는 아이의 말을 건성으로 인정하자.

"아마 그럴지도 몰라."

놀림을 막을 수 있는 보다 직접적인 방법은 자신을 놀리는 아이로 부터 대화의 주도권을 가져오는 것이다. 흔히 제멋대로 행동하며 친구들을 괴롭히는 아이들은 상대방이 상처를 입거나 두려워하기를 원한다. '거짓 인정'은 그런 아이들에게 전혀 예상하지 못한 반응을 보임으로써 할 말을 잃게 만드는 방법이다.

'거짓 인정'은 자신을 놀리는 아이의 말을 거짓으로 인정하는 방법이다. "아마 그럴지도 몰라."라고 말하면 된다. 말싸움을 해서도 안 되고, 화를 내거나 겁을 먹어서도 안 된다. 그저 대화를 이어갈 수 있는 여지를 주지 말고 할 말이 없게 만들자. 그래도 상대방이 계속 놀릴 수 있을까?

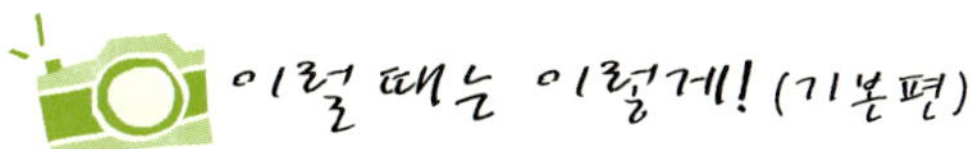

놀리는 아이 : 넌 이거 할 줄 모르지?

나 : 응, 아마 그럴 거야.

놀리는 아이 : 야, 옷이 그게 뭐냐? 촌스럽게.

나 : 어머, 그러니?

놀리는 아이 : 그 옷 싸구려지?

나 : 아마 그럴걸?

'거짓 인정'을 할 때 반드시 '아마'를 사용해야 하는 것은 아니다. '~일 수도'와 같이 비슷한 의미를 가진 말이면 뭐든지 사용할 수 있다.

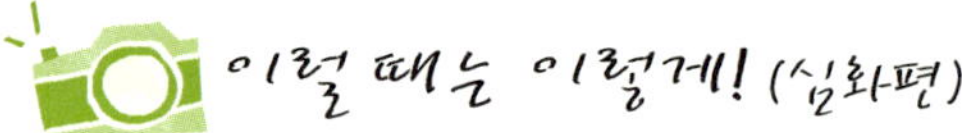

놀리는 아이 : 넌 정말 말라깽이 갈비씨야!

나 : 그럴지도 모르지.

놀리는 아이 : 대체 넌 뭐냐, 멍청이냐?

나 : 그런가? 뭐, 그럴지도 모르지.

놀리는 아이 : (다리를 다쳐서 휠체어에 앉아 있는 아이에게) 야! 말라깽이,
휠체어가 엄청 멋지다. 넌 걸을 줄도 모르나 보지?

나 : 아마 그럴 거야.

놀리는 아이 : 절름발이 같은데.

나 : 어쩜 그럴지도 몰라.

거짓 인정은 제멋대로 행동하며 친구를 괴롭히는 아이의 입을 막는 효과가 있다. 두세 번에 걸쳐 "아마 그럴걸? 그럴지도 몰라." 라고 말을 한 뒤에 상대방을 무시하자. 그러면 그 아이는 괴롭혀 봤자 재미없는 상대라는 것을 알고, 다시는 괴롭히지 않을 것이다.

04 반박하는 말하기

상대방이 무슨 말을 하든지 인정하지 말고 반박하자.

자신을 괴롭히는 아이에게 '나'로 시작하는 말이나 무관심 전략, 거짓 인정이 모두 통하지 않는다면 어떻게 해야 할까? 그럴 때에는 반박하는 말을 사용해 보자. 반박은 자신을 놀리는 아이에게 재치 있게 대응하는 방법이다. 그 아이가 무슨 말을 하든지 반박함으로써 놀림에 굴복하지 않는 모습을 보여주는 것이 중요하다.

반박은 단호하게 하되 유머가 있어야 한다. 자신을 괴롭히는 아이에게 필요 이상으로 거칠게 말할 필요는 없다. 자신이 오히려 제멋대로 행동하는 사람이 될 필요는 없다. 다만 친구를 대할 때, 서로 존중하는 마음이 필요하다는 것을 알려줄 필요가 있다.

반박하는 말을 사용할 때, 한 가지 주의할 점이 있다. 그것은 자신이 생각하기에 분위기가 너무 과열되었거나 점점 목소리가 커지고 화가 나기 시작한다면, 일단 이야기를 멈추는 것이다. 그리고 잘 살펴보자. 상대방이 주먹을 쥐었는가? 거칠게 숨을 몰아쉬고 눈을 부라리는가? 만일 그렇다면 그 자리를 피해야 한다. 상대방의 행동이 위험하게 느껴진다면 반박하는 말을 더 이상 사용하지 말자. 그런 상황에서 가장 좋은 방법은 최대한 빨리 어른에게 도움을 구하는 것이다. 이것은 비겁하게 도망치는 것이 아니라, 현명하게 문제를 해결하는 최상의 방법이다.

'반박하는 말하기'에는 '너'를 강조하는 말, '완전 부정', '사오정 전략' 등 세 가지 방법이 있다.

'너'를 강조하는 말

제멋대로 행동하며 친구를 괴롭히는 아이들이 놀림감으로 선택한 이상, 분명히 거칠거나 심한 말을 할 것이다. 주위의 관심을 놀림감이 된 친구에게 집중시켜 기분을 상하게 하려는 것이 목적이다. 이때 '너'를 강조하는 말을 사용하면 주위의 관심을 제멋대로 행동하는 아이에게 옮겨놓을 수 있다. '너'로 시작하는 말을 사용

하여 상대의 말을 반박하고 그 자리를 떠나면 된다. 굳이 거칠게
대할 필요가 없는 것이다.

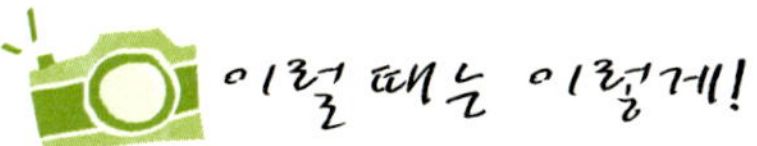

놀리는 아이 : 말하는 게 그게 뭐냐? 도대체 무슨 말인지 하나도 모르겠다.

나 : 너만 빼고 다 알아들어.

놀리는 아이 : 머리 스타일이 왜 그러니? 완전 촌스러워!

나 : 네가 왜 내 머리에 신경 쓰냐? 난 좋기만 한데.

'너'를 강조하는 말을 할 때에는 목소리와 동작언어에 신경을
써야 한다. '너'를 지나치게 강조하면 그 말을 오해할 수도 있다.
즉, 거칠게 대하거나 싸움을 하자고 덤비는 행동으로 생각할 수도
있는 것이다. 다음에 소개한 '너'를 강조하는 바른 말과 그른 말
을 비교하여 살펴보자.

다음에 '너'를 강조하는 말을 사용하는 또 다른 방식을 소개하였다. 이것을 읽으면서 적절한 목소리와 동작언어를 생각해 보자.

놀리는 아이 : 그걸 지금 야구라고 하냐?

나 : 너는 야구에 대해 잘 알고 있나 보네! 난 잘 모르겠는데.

놀리는 아이 : 우와, 네 엉덩이 무지 크다.

나 : 내 엉덩이에 관심 있니? 신경 쓰지 마라.

놀리는 아이 : 이봐, 안경잡이! 너는 눈이 네 개냐?

나 : 너 지금 진심으로 하는 말이니? 넌 안경 낀 사람도 못 봤니?

 연습 시간

'반박하는 말하기' 가운데 '너'를 강조하는 말을 머릿속으로 생각해 본 다음, 거울 앞에 서서 큰 소리로 연습해 보자.(소리를 내면서 연습할 때, 목소리와 동작언어를 함께하는 것을 잊으면 안 된다) 어느 정도 연습을 했으면, 이번에는 가족이나 친구와 함께 연습하자. 상대방에게 친구를 괴롭히는 아이의 역할을 맡겨 어떻게 반응할지 연습하고, 역할을 바꿔 자신이 친구를 괴롭히는 아이가 되어 상대가 어떻게 반응하는지 살펴보자. 이를 통해 제멋대로 행동하며 친구를 괴롭히는 이이들을 어떻게 상내해야 할지 알 수 있게 된다.

 반박하는 말하기 2

완전 부정

'완전 부정'이란 자신을 괴롭히는 아이가 하는 말마다 모두 반박하는 것을 의미한다. 만일 누가 '주근깨 박사'라고 놀리면(실제로 주근깨가 있다고 해도) "주근깨가 어디 있어?"라고 말하자. 또한 코의 생김새를 가지고 놀리면 "하나도 안 웃겨."라고 말하면 된다. 몇 번 완전 부정을 하고 나면, 더 이상 괴롭히지 않을 것이다. 만일 그만두지 않고 계속 놀린다면, 아예 상대를 하지 말고 무관심하게 대하자. 상대가 만만하지 않고 놀리는 데 재미가 없다면 놀리는 사람도 포기하기 마련이다.

이럴 때는 이렇게!

놀리는 아이 : 하는 짓이 어째 애들 같냐? 유치하기는…….

나 : 전혀 아니거든.

놀리는 아이 : 어째 걸음걸이가 그 모양이냐. 바보같이…….

나 : 전혀 아니거든.

놀리는 아이 : 정말 그래. 거울 좀 봐.

나 : 전혀 아니거든.

놀리는 아이 : 너 언제 목욕했냐? 윽! 냄새!

나 : 전혀 안 나거든.

놀리는 아이 : 웃기시네, 직접 맡아보시지.

나 : 전혀 안 난다니까!

때로는 완전 부정을 사용할 때, 놀리는 아이의 말을 인정하는 방법을 사용하기도 한다.

놀리는 아이 : 야, 너 아웃이야! 하하하! 도대체 야구를 할 줄이나 아냐?

나 : 그래 나 원래 못해.

반박하는 말하기 2

사오정 전략

사오정 전략이란 놀리는 아이의 말을 전혀 못 알아듣는 것처럼 행동하는 것이다. 어떤 말을 하든지 "뭐라고? 무슨 말인지 모르겠어!"라고 반응하면 된다. 다른 '반박하는 말하기'와 마찬가지로 이 방법을 몇 번만 사용하면, 더 이상 놀리지 않을 것이다. 다만 이로 인해 말싸움이나 주먹다짐을 하지 않도록 주의해야 한다. 사오정 전략을 사용한 뒤에는 아예 상대를 무관심하게 대하는 것이 좋다. 이 방법을 사용함으로써 자신이 만만한 상대가 아님을 보여주면 된다.

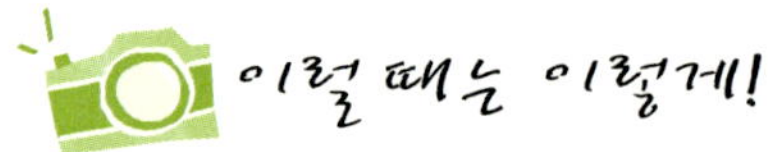

놀리는 아이 : 좀 살살 앉아라. 교실이 다 흔들리잖아! 이 뚱뚱아.

나 : 뭐? 뭐라고?

놀리는 아이 : 뚱뚱하다고!

나 : 뭐라고? 잘 안 들려.

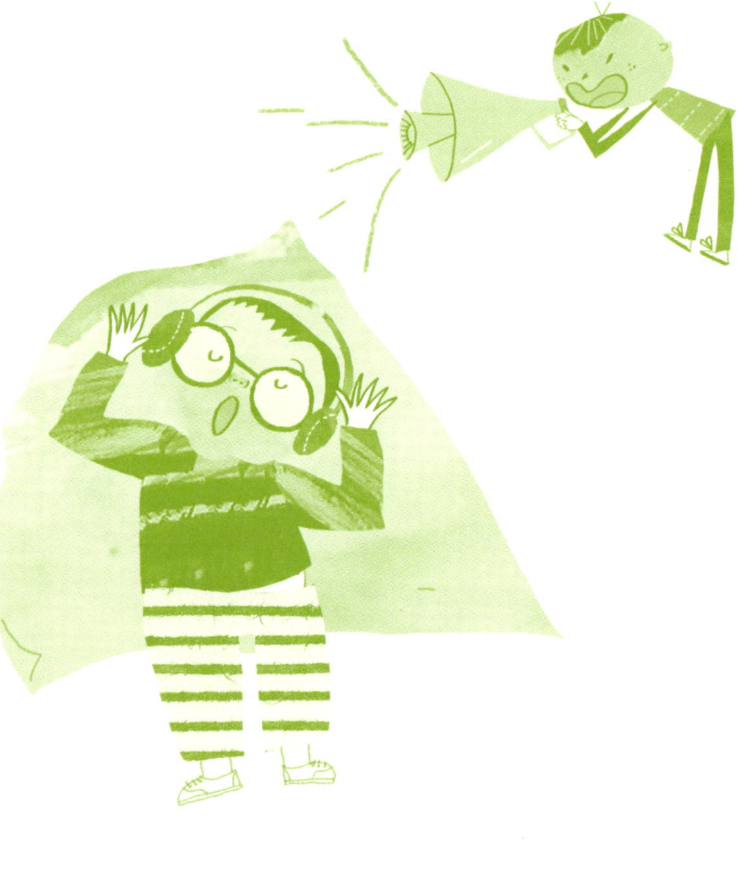

놀리는 아이 : 넌 네가 잘난 줄 알지?

나 : 미안한데, 뭐라고 했니?

놀리는 아이 : 네가 잘났다고 생각하냐고!

나 : 뭐라고 말하는 건지 통 모르겠네. 나중에 이야기하자.

놀리는 아이 : 야, 뻐드렁니. 이가 멋진데.

나 : 뭐라고?

놀리는 아이 : 이가 멋지다고!

나 : 뭐? 무슨 소린지 도저히 못 알아듣겠는데.

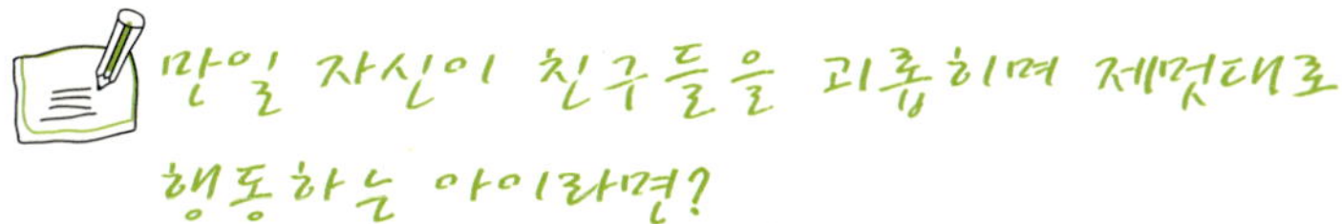

만일 자신이 친구들을 괴롭히며 제멋대로 행동하는 아이라면?

지금까지 놀림이나 괴롭힘을 당했을 때, 대처하는 방법을 소개했다. 이제 친구를 놀리거나 괴롭히는 아이들에게 도움이 될 만한 방법을 살펴보자.

만일 자신이 그런 아이라면 지금부터라도 달라지기 위해 노력해야 한다. 우선 첫 번째 단계로 더 이상 그런 행동을 하지 않겠다고 결심해야 한다. 그런 후에 지금까지 놀리거나 괴롭힌 아이들에게 찾아가 사과하자. 그리고 지금껏 자신이 저질렀던 잘못에 대해 정

당한 보상을 해주자.
보상의 방법에는 두 가지가 있다. 하나는 자신이 놀리거나 괴롭혔던 아이들과 함께 어울려 노는 것이고, 다른 하나는 그런 아이들을 보호해 주는 것이다. 그렇게 하면 스스로 만족감을 느낄 수 있다.

필요하다면 주위에 있는 어른에게 도움을 요청하자. 부모님이나 선생님에게 자신은 물론 타인을 존중하는 방법을 배울 수 있을 것이다.

05 작전상 후퇴

싸움에 휘말릴 위기 상황에서 최선의 공격은 후퇴하는 것이다.

지금까지 놀림이나 괴롭힘을 막는 데 효과가 있는 방법들을 살펴보았다. 그런데 만약 이러한 방법이 통하지 않을 때에는 어떻게 해야 할까? 만일 그런 일이 벌어진다면 그 불량한 아이로부터 도망쳐 부모님이나 선생님에게 도움을 청하는 것이 좋다. 이것을 '후퇴 전략'이라고 한다.

'후퇴 전략'은 위기 상황에서 사용하는 것이 좋다. 위기 상황이란 어떤 의미일까? 그러한 판단은 전적으로 위험을 직감하는 본능에 맡겨야 하는데, 많은 아이들이 구경하고 있는데 운동장 바닥에 넘어뜨리는 행위는 위험한 상황이다. 또 "오늘을 절대로 잊을 수 없게 해주마."라고 말한다면 그것도 위험한 상황이다. 친구들을 괴롭히는 아이들이 우르르 몰려오는 것도 위험한 상황이다. 그 아이들 손에 야구방망이나 칼이 들려 있다면, 그것은 정말 위험한 상황이다.

이와 비슷한 상황에 처하게 된다면 무조건 후퇴해야 한다. 도움을 받을 수 있는 친구가 있다면 함께 움직이는 것이 좋다. 가까운 교무실이나 집으로 후퇴한 뒤에, 그곳에서 선생님이나 부모님에게 자신이 처한 문제를 설명하고 도움을 요청하자. 만약 도저히 후퇴할 수 없는 상황이라면 자신을 스스로 방어하자. 상대방의 무지비한 공격에 맞서 열심히 싸우자. 다만 맞서 싸우는 순간에도 싸우는 것이 목적이 아니므로 도움의 손길을 청하는 것을 잊지 말자.

후퇴 전략은 벌새에게서 배울 수 있는 가장 중요한 전략이다.

아무리 용감하다고 해도 벌새는 후퇴해야 할 때를 알고 있다. 우리도 공격해야 할 때와 후퇴해야 할 때를 정확히 알고 있어야 한다.

놀림이나 괴롭힘에 대해 마지막으로 한마디 덧붙이자면, 학교를 안전하고 재미있는 곳으로 만드는 것은 모든 학생들의 손에 달려 있다는 것이다. 자신이 괴롭힘을 당하지 않아도 누군가 괴롭힘을 당하는 것을 보았다면 지체 없이 도움을 주어야 한다. 친구들을 괴롭히는 아이에게 걸어가 이렇게 말하자. "이봐, 그 아이를 내버려둬." 아니면 친구와 함께 가서 "그 아이는 우리 친구야. 그러니까 물러서지 못해!"라고 말하자. 평소에 혼자 다니는 아이들과 어울리며, 그들의 친구가 됨으로써 괴롭힘을 당하는 일을 막을 수도 있다. 대체로 제멋대로 행동하는 아이들은 누군가를 놀리는 것이 멋진 일이라고 생각한다. 하지만 우리가 친구들과 함께 그런 아이들에게 맞선다면, 그것이 멋있거나 괜찮은 일이 아니란 것을 깨우쳐 줄 수 있을 것이다.

낯선 사람을 조심하자

낯선 사람이 가까이 다가오면 조심해야 한다. 차를 강제로 태우려 하거나 동행할 것을 요구한다면 무조건 도망치는 것이 최상의 방법이다. 사실을 확인하기 전까지는 낯선 사람의 말을 믿으면 안 된다. 혹시 그가 팔을 붙잡으면 몸싸움이라도 하고, 가능한 한 큰 소리로 주위에 도움을 요청하거나 도망쳐야 한다. 그런 최악의 상황이 아니더라도 불편함이 느껴진다면 그곳에서 도망쳐 선생님이나 부모님에게 도움을 요청하자.

까마귀에게 배우는,

'비난에 대처하는'

방법

5장

까마귀가 되어보자

농부들은 까마귀가 곡식을 망쳐 놓는다고 비난한다. 까마귀는 농부가 애써 가꾸어 놓은 곡식으로 빈 배를 채우는 것이 사실이기 때문에 입이 열 개 있어도 할 말이 없다. 그러나 까마귀에게 모든 책임을 덮어씌우는 것은 문제가 있다. 왜냐하면 까마귀는 곡식을 망치는 해충도 잡아먹기 때문이다. 까마귀는 정말 영리한 새이다. 기억력도 좋고 경험을 통해 뭐든지 쉽게 배운다. 우리는 까마귀에게서 경험을 통해 배우는 법과 비난에 대처하는 법을 배울 수 있다.

인간은 스스로 삶을 선택할 수 있다. 물론 키가 좀 더 컸으면 하는 생각이나 사람들을 깜짝 놀라게 하는 달리기 실력은 선택의 문제가 아니다. 부모님 등살에 못 이겨 시작한 치아 교정을 중간에 그만두는 것도 선택의 여지가 없다. 그러나 몸에 좋은 음식을 골라 먹고 적당히 운동하며 편안하게 휴식을 취하되, 담배와 술을 멀리하는 것은 얼마든지 선택할 수 있는 문제이다. 마찬가지로 심술궂게 행동하는 대신 친절하게 행동하고, 도둑질을 하거나 남을 속이는 행동을 하는 대신 정직하게 행동하는 것도 자신의 선택에 달려 있다. 그렇게 행동하는 것이야말로 자신과 상대방을 존중하는 바람직한 행위이다.

누구나 잘못된 선택을 할 수도 있다. 이 세상에 완전한 사람은 없다. 시험공부를 제대로 하지 않아서 시험을 못 볼 수도 있고, 공놀이를 하다가 이웃집 유리창을 깨뜨릴 수도 있다. 심지어 누가 유리창을 깼는지에 대해 거짓말을 할 수도 있다.

그러나 순간적으로 잘못된 선택을 했더라도 그 선택을 바로 잡을 수 있다. 유리창을 깨뜨린 것을 다른 사람의 탓으로 돌릴 수도 있고, 아무 일도 없었다는 듯이 행동할 수도 있지만, 자신의 실수에 대해 책임을 지는 것이다.

잘못된 선택과 실수를 책임진다는 것은 잘못을 인정하고 용서를 구하며 보상을 하겠다는 말이다. 책임을 진다는 것은 그만큼 정신적으로 성숙했다는 것을 의미한다. 실수를 할 때마다 책임을 진다면 다음에서 살펴볼 수 있듯이 우리는 조금씩 성장하게 된다.

- 똑같은 실수를 반복하지 않는다. 자신을 더 현명하고 행복하게 해줄 것이다.

- 애초에 왜 그런 실수를 하였는지 생각하게 되고, 그 과정에서 스스로를 깨닫게 된다.

- 다른 아이들에게 모범이 되고 존경을 받으며 좋은 친구 관계를 쌓게 될 것이다.

- 스스로를 더욱 신뢰하고 존중하게 될 것이다.

실수를 반복하는 사람에 대한 처벌법

　도둑질이나 음주, 흡연, 폭력 등 어리석은 행동을 선택한다면 모두에게 심각한 해를 끼칠 뿐만 아니라 법에 의해 처벌을 받을 수 있다. 그러나 무엇보다 잘못된 선택을 바로잡을 수 있다는 사실과 자신에게 그러한 행동을 선택하지 않을 책임이 있다는 사실을 아는 것이 중요하다. 최악의 실수는 어리석은 결정을 여러 번 반복하는 것이다.

　앞서 말한 바와 같이 잘못된 선택을 반복한다면 자신이나 타인에게 존중받기 어렵다. 따라서 습관적으로 심각한 실수를 하거나 잘못된 선택을 한다면 믿을 만한 어른에게 상담을 하는 것이 좋다. 어떻게 이야기를 꺼내야 할지 모르겠다면 "아빠, 할 말이 있어요. 말하기가 좀 그런데, 실은 제가 불량한 친구와 어울려 다녔어요. 지금은 그런 행동이 옳지 않다고 느끼고 있고, 어떻게든 벗어나고 싶은데 어떻게 해야 할지 모르겠어요."라고 솔직하게 고백하면 된다. 누구나 마음만 먹으면 변할 수 있다는 것을 기억하자.

　잘못된 선택이나 실수를 했다면 그에 상응하는 비난을 감수해야 한다. 그런 일이 있을 때, 어떤 사람은 친절하게 잘못을 바로잡아 줄 것이고, 또 어떤 사람은 냉정하고 무뚝뚝하게 잘못을 지적할 것이다. 그러나 사람들이 어떻게 반응하느냐가 중요한 것은 아니다. 그보다 중요한 것은 자신이 비난에 반응하는 방식이다. 이 장에서 소개할 내용은 주위 사람들의 비난에 책임감 있게 대처할 수 있는 방법들이다.

01 메아 쿨파 (내 탓이오)

자신의 실수를 진심으로 인정한다면, 공손하게 "내 탓이오."라고 말하자.

'메아 쿨파'(Mea Culpa)는 라틴어로 '내 잘못'이라는 말로, 이 말은 자신의 실수에 책임을 지고 사과하며 그것을 보상하겠다는 의미이다. 자신의 잘못된 행동에 대해 사람들이 비난할 때, "모두 제 잘못입니다."라고 말하자.

'내 탓'임을 인정하는 것은 자신의 잘못을 사실대로 말하고 사과하는 것이다. "네 말이 맞아. 내가 그런 일을 저질렀고, 미안하게 생각해."나 "당신 말이 맞아요. 제가 실수를 했어요."와 같이 말하는 것이다. "내 탓이오."라는 말을 사용할 때에는 말싸움을 한다거나 방어적인 태도를 취하며 변명을 하지 않도록 조심하고,

비난하는 사람의 말에 동의하며 스스로 한 일에 대해 진심으로 사과할 수 있어야 한다.

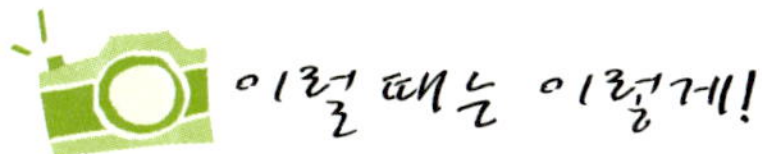

선생님 : 네가 방금 창문을 깨뜨렸니?

나 : 예. 제가 그랬어요. 죄송합니다. 어떻게 변상을 해야 하나요?

할머니 : 어젯밤에 설거지를 안 해놨더구나. 네가 하기로 하지 않았니?

나 : 죄송해요. 제 잘못이에요. 오늘은 잊지 않고, 꼭 설거지를 할게요.

자신의 잘못에 대해 보상할 수 있는 최상의 방법은 개인적으로 잘못한 것에 책임을 지는 것이다. 예를 들어 시험에서 컨닝을 했다면 선생님에게 가서 잘못을 시인하고 어떻게 해야 하는지 물어보아야 한다. 물건을 훔쳤다면 주인에게 돌려주면 된다. 실수를 보상하고 다시 반복하지 않는 것이 잘못을 인정하는 최고의 방법이다.

만약 친한 친구에게 심한 말을 했다면 미안하다는 말로 충분하지 않을 수도 있다. 미안하다고 말해도 친구는 여전히 기분이 상해 있을 것이기 때문이다. 일을 제대로 바로잡으려면 진심으로 친구를 아낀다는 것을 행동으로 보여줄 필요가 있다. 예를 들어 "사실 그때 좀 안 좋은 일이 있었는데, 내가 그걸 너한테 화풀이 했던 거야. 그때 했던 말은 진심이 아니었어. 사실 너는 나의 가장 소중한 친구야.” 라고 말을 하거나 아니면 사과의 편지를 써서 친구가 자신에게 얼마나 소중한 존재인지를 알려줄 수도 있을 것이다.

‘내 탓’임을 인정하는 단계

❶ 자신의 행동에 책임을 져야 한다는 것을 받아들인다.

❷ 자신이 한 일을 사과한다.

❸ 원래대로 돌려놓기 위해 최선을 다한다.

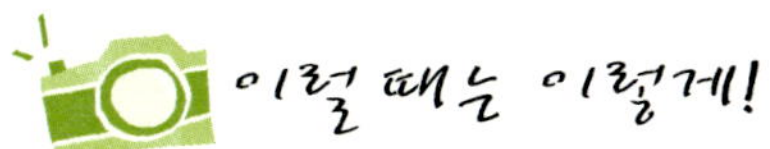

교장 선생님 : 네가 운동장에서 친구를 괴롭혔니?

나 : 예. 죄송합니다.

교장 선생님 : 다른 아이가 너를 괴롭힌다면 기분이 어떻겠니?

나 : 화가 많이 났을 거예요. 제가 그 친구에게 찾아가서 사과하고 용서를
빌게요. 다시는 그러지 않겠습니다.

선생님 : 오늘 과학 시험에서 50점을 맞았구나. 이런! 공부 좀 해라.

나 : 네, 선생님. 다음엔 잘 할게요.

선생님 : 그래, 더 열심히 해라.

나 : 네. 선생님도 도와주세요. 어떻게 하면 공부를 잘할 수 있을까요?

02 오해를 이해로 바꾸기

비난을 받을 만한 일을 하지 않았다면, 오해를 풀자.

까마귀처럼 자신의 잘못이 아닌 일로 억울하게 비난을 받을 때가
있다. 거짓말을 하지 않았는데 거짓말을 한 것처럼 들을 수 있고,
지각을 하지 않은 날도 많은데 매번 학교에 늦게 오는 지각생이라

고 생각할 수도 있다. 어떤 경우에는 책임을 회피하는 다른 사람의 실수 때문에 비난을 받기도 한다. 그러나 비난을 받을 만한 일을 하지 않았다면 오해를 풀어야 한다. 오해를 풀지 않으면 부당한 대우를 받을 수밖에 없기 때문이다.

부당한 비난을 받으면, 스스로 자신의 결백을 증명해야 한다. 침착하게 행동하되, 변명하고 있다는 느낌을 주어서는 안 된다. 직접적으로 "내 탓이 아니에요!"라고 크게 외칠 필요는 없다. 그 대신에 자신이 그런 일을 하지 않았음을 차분하게 설명하자. 분명하고 확실하게 "잘못 알고 계신 거예요. 전 그런 일을 하지 않았어요."나 "그건 사실이 아니에요."와 같이 말해야 한다.

만약 아무도 자신의 말을 믿지 않는다면 침착하게 행동하는 것이 쉽지 않을 것이다. 아마 소리를 지르거나 발을 동동 구르고 싶을지도 모른다. 그러나 쉽게 좌절하지 말고, 감정을 절제하며 자신이 한 일이 아님을 거듭 말해 보자.

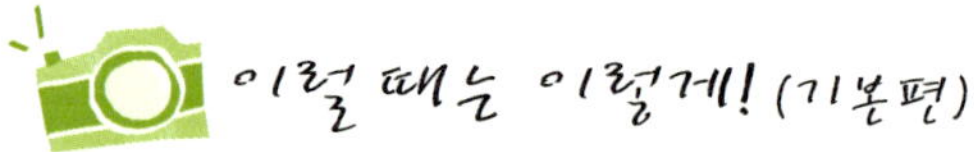

선생님 : 민호가 그러는데 네가 사과를 훔쳤다며?

나 : 전 훔치지 않았어요. 절대로 그런 일이 없어요.

선생님 : 네가 사과를 먹는 걸 나도 봤는데? 정말

네가 사과를 훔치지 않은 거니?

나 : 그럼요. 저도 집에서 사과를 가져온걸요.

선생님 : 누가 그러는데, 네가 오늘 학교에서 어떤

아이를 괴롭혔다더구나.

나 : 아뇨. 전 아무도 괴롭히지 않았어요.

선생님 : 만일, 네가 그런 일을 한 게 밝혀지면 넌 곤란한 일을 겪게 될 거다.

나 : 알아요. 하지만 전 정말 아무도 괴롭히지 않았어요.

어떤 아이 : 네가 내 사물함에 쓰레기를 넣었지. 빨리 치워!

나 : 아냐, 네가 오해한 거야. 난 그런 일 한 적 없어.

어떤 아이 : 넌 지저분한 애야. 이건 분명 네 물건이라고!

나 : 내가 아니라니까.

어떤 아이 : 거짓말! 네 말 못 믿어.

나 : 난 사실을 말하고 있는 거야.

자신의 말이 사실이 아니라면 이 방법을 사용해서는 안 된다. 지적을 당한 행동에 조금이라도 책임이 있다면 잘못을 인정하자. 그렇지만 자신이 잘못하지 않은 부분에 대해서는 반드시 밝혀야 한다. 전적으로 모든 책임이 자신에게 있다면 거짓말을 하기보다 잘

못을 인정하고 보상하는 것이 올바른 일이다. 정직하게 행동할 때 스스로에게 떳떳할 수 있다는 것을 잊지 말자.

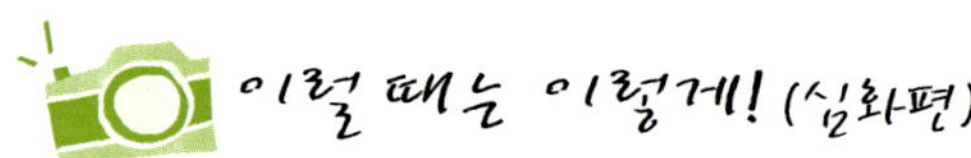

자신에게 어느 정도 책임이 있는 경우 1

삼촌 : 네 뒷주머니에 담뱃갑이 있더라. 어떻게 된 거니? 얘기 좀 하자.

나 : 그건 제 것이 아니에요. 전 담배 안 피워요.

삼촌 : 담배가 네 뒷주머니에서 나왔는데 그런 말을 하니?

나 : 선생님한테 들킬 것 같으니까 친구가 저한테 잠깐 맡긴 거예요.

삼촌 : 그런 걸 맡아주는 것은 옳은 행동이 아냐. 봐, 그것 때문에 네가 의심

받잖아.

나 : 그러게요. 다음부터 안 그럴게요.

자신에게 어느 정도 책임이 있는 경우 2

선생님 : 넌 숙제를 백과사전에서 베꼈더구나. 그런데 어떻게 점수를 주니?

나 : 전부 베낀 건 아니에요. 끝부분만 조금 베꼈어요.

선생님 : 그래도 그건 잘못된 행동이야. 네 스스로 해야지.

나 : 죄송해요. 다시 할게요.

까마귀의 방법 가운데 기억해야 할 가장 중요한 것은 진실을 말해야 한다는 것이다. 잘못된 결정을 내리거나 실수를 했을 때, 곤란한 상황에 처할까 봐 겁을 내는 것은 지극히 자연스러운 일이다. 그렇지만 비난을 받을 때 거짓말을 하면 사람들이 나중에 그 어떤 말도 믿으려고 하지 않을 것이다. 스스로도 거짓말을 숨기기 위해 끊임없이 다른 거짓말을 할 수밖에 없다. 실수에 대해서 솔직하게 말하고 곤란한 상황을 직면하는 것이 거짓말을 해서 다른 사람의 신뢰를 잃는 것보다 낫다.

부엉이에게 배우는,

'부정적인 생각에 맞서는 방법

6장

먹이를 노리는 다른 새들과 마찬가지로 부엉이는 먹이를 기다리는 동안 침착하게 집중한다. 그러나 여느 새들과 달리 부엉이는 밤에 먹이 사냥을 한다. 그것은 부엉이가 밤에 잘 볼 수 있고 잘 날아다닐 수 있기 때문이다. 때때로 우리는 마음을 울적하게 만드는 부정적인 감정을 경험하곤 한다. 우울함을 느낄 때 침착하게 집중하기란 어려운 일이다. 그러나 깜깜한 밤이라도 절망하지 않고 노력하면 부엉이처럼 될 수 있다.

사람은 사회적인 존재이기 때문에 무엇보다 의사소통을 잘하는 것이 중요하다. 의사소통은 학교를 비롯하여 어떤 장소에서나 친구들과 사이좋게 지내는 최고의 방법이다. 그런데 친구들과 사이좋게 지내는 것도 중요하지만, 자기 자신과 사이좋게 지내는 것도 매우 중요하다. 이 말은 스스로를 편안하게 느끼고 자신의 생각과 감정을 이해할 줄 알아야 한다는 것이다.

우리의 내면에는 언제나 여러 가지 감정들이 출렁인다. 예를 들어 학교 식당에서 길게 줄을 섰을 때, 자기 차례를 기다리는 것은 정말 못 견딜 노릇이다. 무더운 날 차가운 탄산음료를 마셨을 때의 시원함이란 말로 설명하기 어렵다. 때로는 복잡한 수학문제를 풀 때 좌절하기도 할 것이다.

만약 사람에게 감정이 없다면 로봇과 다를 바 없이 아무런 재미도 느끼지 못할 것이다. 사랑이나 흥분, 친절함이 뭔지도 모를 것이고, 친구나 가족과 함께 어울리지도 못할 것이다. 함께 어울려 놀고 춤추며 노래를 부르거나 맛있는 음식을 먹을 때조차 아무런 흥겨움을 느끼지 못할 것이다. 감정이란 설탕이나 소금과 같이 우리의 삶에 풍미를 더해 주는 존재이다.

감정이 없다면 두려움이나 걱정, 분노, 죄책감, 좌절감, 슬픔, 불행도 느끼지 못할 것이다. 어쩌면 이런 감정들을 느끼지 못하는 것이 낫다고 생각할지도 모르겠다. 하지만 우리의 삶에서 이런 감정들은 매우 중요하다. 두려움은 우리를 위험에서 도망치게 하고, 염려는 미래를 준비하게 하며, 분노는 누군가의 위협으로부터 자신을 지켜준다. 죄책감은 타인에게 잘못 행동하는 것을 막고, 좌절감은 도움을 요청하도록 이끈다.

　　이처럼 부정적인 감정들은 우리가 변화할 수 있도록 돕는다. 자신이 가해자나 피해자로서 경험했던 부정적인 일들을 부끄럽게 생각한다면 이제 스스로 발전하는 방법을 배워야 한다. 부정적인 감정은 행복한 상황을 더 행복하게 느낄 수 있게 해준다. 그리고 모든 사람이 그러한 감정을 느낀다는 점에서 유대감을 느끼게도 해준다. 누군가 고통을 겪고 있다면 그 사람이 어떻게 느낄지 잘 아는 것이 인간관계를 긴밀하게 만들어 가는 데 큰 도움이 된다.

부엉이가 되어보자

어떤 감정들은 필요 이상으로 스스로를 비참하게 만든다. 만약 그런 느낌이 든다면 생각이나 감정을 바꾸려고 노력해야 한다. 누구나 실수를 하기 마련이고, 생각을 바꾸는 일이 결코 쉬운 일이 아니며, 매번 자신의 기분을 좋게 해줄 마법의 법칙이 있는 것도 아니지만, 생각을 바꾸려고 노력한다면 스스로 놀라게 될 것이다. 분명 부엉이의 방법이 큰 도움이 될 것이다.

감성과 이성

우리는 부정적인 감정과 씨름하며, 새로운 것을 배우고 나날이 성장한다. 부정적인 감정에 대처하는 가장 좋은 방법의 하나는 이성적으로 생각하는 것이다. 이성과 감성은 하나로 연결된 채, 서로 영향을 주고받기 때문이다.

예를 들어 헛소문을 퍼뜨리고 다니는 친구 때문에 신경을 쓰는 자신의 모습을 상상한다면 분명히 화가 날 것이다. 그러나 친구가 절대로 그럴 리 없다고 생각을 바꾸면 아마 분노가 가라앉을 것이다. 이처럼 우리는 생각과 감정을 바꿀 수 있다. 특히 자신이 잘못한 일이라면 더욱 그렇다.

축구팀에 들어가지 못해 화가 난 자신의 모습을 상상해 보자. 어떤 기분이 드는가? 축구팀에 들어가지 못했다는 사실을 이성이 알아차리는 순간, 실망이라는 감성이 고개를 들고 일어날 것이다.

이런 경우에 생각은 바뀌지 않는다. 축구팀에 들어가지 못한 것은 사실이고 그것이 전부이다.

그렇다면 어떻게 감정을 바꿀 수 있을까? 이런 경우에 축구팀에 들어가지 못한 것이 얼마나 끔찍한지 생각하기보다 좀 더 긍정적인 생각을 할 필요가 있다. 다음의 예를 살펴보자.

- 축구를 할 수 있는 다른 곳을 생각한다.
- 유명한 축구 선수들이 시험을 보는 팀마다 합격한 것이 아니라는 걸 생각한다.
- 축구팀 대신에 농구팀이나 배구팀과 같이 다른 팀에 시험을 볼 수 있다는 것을 생각한다.
- 아니면 겸손하게, 감독님이 왜 뛰어난 실력을 갖춘 선수를 선발하지 않았는지 그 이유를 생각해 본다.

우리의 생각은 매우 강력한 힘을 가지고 있다. 생각은 감정을 '더 좋게' 혹은 '더 나쁘게' 느끼도록 만들고, 또 때로는 '더 강하게' 혹은 '더 약하게' 느끼게 한다. 때때로 생각은 실제 상황보다 더 끔찍하게 상황을 과장해서 느끼게 한다.

축구팀에 들어가지 못한 것은 실망스러운 일이다. 특히나 그것이 자신에게 중요한 일이었다면 말이다. 그리고 그것에 대해 실망을 느끼는 것은 정상적인 행동이다. 그러나 지나치게 스스로를 못살게 굴지는 말아야 한다. 재희가 불운한 날들을 보내며, 어떻게 느꼈는지를 살펴보자.

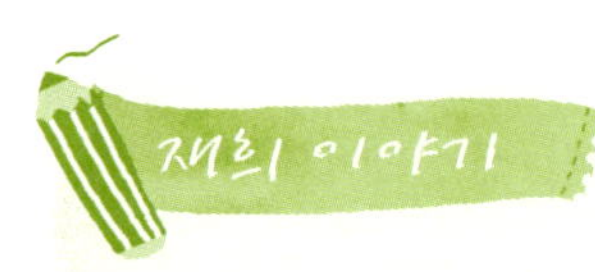

재희는 학교에서 돌아오자마자 곧장 방으로 올라가 가방을 바닥에 내팽개치고 침대 위로 쓰러졌다. 아버지가 저녁을 먹으라고 할 때조차 재희는 침대에서 꼼짝도 하지 않았다. 아버지가 무슨 일이냐고 재희에게 물었다. "너무 창피해요." 한참만에 재희가 입을 열었다. "글쎄 급식실에서 넘어져서 쟁반을 다 쏟아버렸어요. 백 명이 넘는 아이들이 저를 비웃었어요. 저는 너무 덜렁대고 멍청해요." 재희가 울먹이며 말했다. "재희야, 누구나 실수를 하는 법이란다. 쟁반을 쏟았다고 멍청한 건 아니야." 아버지가 다정하게 말했다. "누구도 이런 실수를 한 적이 없어요, 아빠. 이건 최악이에요. 이제 저는 학교에 갈 수 없어요."

01 ‘하지만’ 이라는 주문

절망에서 벗어나고 싶다면,

꼬리에 꼬리를 무는 부정적인 생각을 끊어버려라.

무력감이나 두려움, 창피함, 그리고 걱정은 우리가 해야 할 일을 제대로 마무리하지 못하도록 만든다. 더욱이 ‘난 할 수 없어.’ 와 같은 부정적인 생각을 하는 사람은 그런 감정을 이겨내기가 쉽지 않다.

숙제가 너무 어려워 ‘난 할 수 없어.’ 라고 생각한다면 숙제를 시작할 엄두도 내지 못할 것이다. 오히려 숙제를 해야 한다는 생각에 화가 날 것이 틀림없다. 그런 감정들은 숙제를 방해할 뿐이다. 설령 반 아이들 앞에서 발표할 것이 걱정되고, 스스로 잘할 자신이 없다고 해도, 그렇게 생각하는 것은 아무런 도움도 되지 않는다. 숙제를 하지 않거나 발표를 하지 않으면, 결국 낙제를 하거나 좋은 점수를 받지 못하기 때문이다.

‘하지만’ 은 ‘난 못해.’, ‘난 안 할 거야.’, ‘정말로 하기 싫어.’ 등의 생각을 뒤집어엎는 최선의 방법이다. 자신을 옴짝달싹 못하게 만드는 부정적인 생각들을 긍정적인 생각으로 바꾸어 놓는 주문인 것이다. 정말 어려운 수학 숙제를 해야 하는데, 포기하고 싶은 심정이라면, '하지만' 이라는 주문을 사용해보자. '난 정말 숙제를 하고 싶지 않아. 하지만 시작은 할 수 있을 거야. 한번 해보자.' 라고 생각하면 된다. 혹은 '하지만 내가 아는 문제는 풀 수 있을 거야. 모르는 문제는 오빠나 아빠에게 물어보면 되겠지.' 라거나 '하지만 빨리 끝내야 다른 일을 할 수 있을 거야.' 라는 식이다. 어떤 식으로든지 '하지만' 이라는 주문으로 꼬리에 꼬리를 무는 부정적인 생각을 끊어버릴 수 있다.

 연습 시간

부정적인 생각들을 단번에 끊어버릴 수 있는 '하지만' 이라는 주문을 외어보자. 주문을 외우는 순간 놀라운 일이 벌어질 것이다.

"……, 하지만 일을 끝내고 나면 기분이 좋아질 거야."

"……, 하지만 그다지 어렵지 않을 것 같은데?"

"……, 하지만 필요할 때, 도움을 받을 수는 있잖아."

"……, 하지만 완벽하게 할 필요는 없으니까."

"……, 하지만 못한다고 해도 잘못되는 건 아니잖아."

"……, 하지만 난 할 수 있어."

"……, 하지만 끝까지 해볼 거야."

"……, 하지만 내일은 기분이 훨씬 좋아지겠지."

　'하지만' 이라는 주문의 핵심은 자신이 해야 할 일을 할 수 있도록 짧게 다짐을 하는 것이다. 무언가를 하고 싶을 때까지 기다린다면 절대 일을 끝낼 수 없을 것이다.

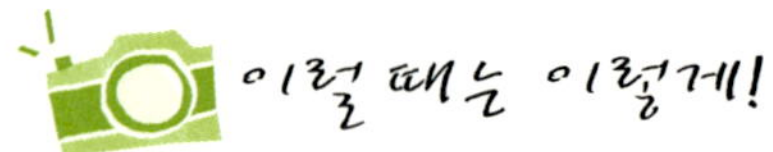

과학 숙제를 해야 하는데, '숙제를 할 기분이 아니야.' 라는 생각이 들 때,

"……, 하지만 숙제를 다 하고 나면 기분이 좋아질 거야."

"……, 하지만 그래도 과학은 재미있잖아."

"……, 하지만 오래 걸리지는 않을 거야."

선생님이 쉬는 시간에 칠판을 지우라고 했는데, '밖에 나가서 놀면 좋을 텐데.' 라는 생각이 머리를 스칠 때,

"……, 하지만 다음 쉬는 시간에는 놀 수 있을 거야."

"……, 하지만 선생님을 도울 수 있는 일이잖아."

"……, 하지만 이번에 하고 나면 다음번에는 하지 않아도 될 거야."

치과를 가야 하는데, '정말 겁이 나서 도저히 못 갈 것 같다.' 는 생각이 들 때,

"……, 하지만 치과에 지금 가지 않으면 나중에 더 큰 문제가 생길 거야."

"……, 하지만 이번에 다녀오면 한동안은 안 가도 될 테니까."

"……, 하지만 치료가 금방 끝나겠지."

아무 일도 할 수 없을 만큼 부정적인 감정에 사로잡혀 있을 때, 그러한 감정에서 벗어나고자 한다면 긍정적인 생각을 해야 한다. 우선 '할 수 없다.' 라는 부정적인 생각부터 버리자.

02 부정적인 생각의 싹 자르기

행복하게 살고 싶은가?

그렇다면 이제 그만 부정적인 생각의 싹을 잘라내야 한다.

부정적인 생각은 더 부정적인 생각을 부른다. 모든 일이 부정적으로 느껴진다면 부정적인 감정은 더욱 악화될 수밖에 없다. 그런 생각은 자신을 필요 이상으로 슬프게 만들고, 화나게 만들며, 두렵게 만들 뿐이다. 아직도 '모두들 날 싫어해.'라든가 '난 멍청이가 틀림없어.', '정말 살기 싫어.', '다 내 잘못이야.' 라는 생각으로 자신을 괴롭히고 있는가? 그렇다면 이제 그런 생각의 뿌리를 잘라야 할 때이다.

부정적인 생각이 드는 것은 자신을 너무 몰아세우기 때문이다. '만사가 다 끔찍하다.'는 생각의 싹을 자르기 위해서는 부정적인 생각을 하지 말아야 한다. 부정적인 생각의 싹을 자르라는 것은 긍정적인 말을 사용하자는 뜻이다. 부정적인 생각의 싹을 자를 때 가장 중요한 것은 스스로에게 하는 부정적인 말들로 상태를 더 악화시키지 말아야 한다는 것이다.

누구나 어려운 상황을 겪기 마련이다. 시련도 삶의 일부이다. 할아버지가 돌아가셨다든가 자동차 사고로 크게 다쳤다든가 하는 시련이 우리에게 닥친다면 그것을 극복하기 위해 많은 시간이 필요하다. 모든 시련이 그렇게 끔찍한 것은 아니지만, 결과적으로 시련은 부정적인 생각의 싹을 키우며, 올바르게 사고하는 것을 방해한다. 이럴 때 '착오'가 일어나는데, '착오'는 실제보다 상황을 더 어렵게 만든다.

다섯 가지 착오

우리를 필요 이상으로 힘겹게 만드는 대표적인 '착오'의 다섯 가지 유형을 소개하면 다음과 같다.

❶ 과장

문제를 실제보다 더 심각하게 혹은 더 중요하게 생각하도록 만든다.

- 우리 학교에는 정수기가 없다. 우리 학교의 시설은 최악이다.

- 내 친구가 나를 좋아하지 않는다. 나는 다시는 친구를 사귈 수 없을 것이다.

- 나는 언제나 집안일을 해야 한다. 내 부모님은 정말 잔인하다.

❷ 부정적인 판단

문제를 항상 나쁜 쪽으로만 생각한다.

- 학교는 공부를 하는 곳이다. 그러므로 학교는 재미없는 곳이다.

- 어젯밤 경기에서 우리 팀이 졌다. 우리는 정말 실력 없는 팀이다.

- 이번 주 내내 비가 내렸다. 이번 주는 정말 재미없었다.

❸ 단정 짓기

문제를 성급하게 일반화함으로써 사실이 아닌 것을 사실처럼 믿는다.

- 나는 영어를 잘 못한다. 형편없는 학생이 분명하다.

- 나는 오늘 바보짓을 했다. 나는 바보가 틀림없다.

- 이웃 나라에서 전학 온 아이는 사악하다. 이웃 나라의 사람들은 모두 사
  악하다.

❹ 부정적인 예측

문제를 정확히 이해하지 못했으면서도 무조건 나쁘게 될 것이라고

예측한다.

- 오늘도 학교는 지루할 거야.

- 지난 번 수학 시험을 잘 못 봐서, 오늘 시험도 망칠 거야.

- 낡은 신발을 신고 학교에 가면 모두들 놀리겠지.

❺ 자기 비난

문제의 원인을 자기 탓으로 돌린다.

- 내가 실수하는 바람에 우리 반이 대회에서 떨어진 거야.

- 내가 그 공을 받아내지 못해서 우리 팀이 경기에서 진 거야.

- 우리 집에서 파티를 열어서 아이들이 재미있게 놀지 못했어.

착오는 자신은 물론 타인에 대한 잘못된 판단도 포함한다. 스스로 과장하거나 단정을 짓고, 나쁜 면만을 보려고 들기 때문에 타인에 대해 실제보다 더 나쁘게 생각할 때가 많다.

연습 시간

앞서 언급한 다섯 가지 착오의 예들을 살펴보고 이제는 그런 착오를 바로잡을 수 있도록 부정적인 생각의 싹을 자르는 연습을 하자. 다음에 나오는 긍정적인 문장을 위의 예와 연관지어 생각해 보자.

- 누구나 실수를 한다.

- 계속 노력해 볼 거야.

- 이번엔 더 열심히 공부했으니까 더 좋은 성적을 얻을 수 있을 거야.

- 모두를 재미있게 해줄 수는 없어. 그런 아이들은 스스로 재미있게 시간을 보내려고 노력해야 돼.

- 나의 행복과 불행은 내가 하기에 달린 거야.

- 우리 학교는 좋은 점이 정말 많아.

- 나는 좋은 친구니까 그가 다시 나를 좋아하게 될 거야.

- 우리나라에도 나쁜 사람이 있어. 그렇지만 우리나라 사람 모두가 나쁜 것은 아니야.

- 설거지를 하는 건 그리 나쁜 일이 아니야.

- 누구도 내가 한 일로 나의 전부를 평가할 수는 없어. 그건 나의 일부일 뿐이야.

- 신발의 상표가 그렇게 중요한 건 아니야.

- 누구도 완벽할 순 없어.

- 이 위기를 극복할 거야.

- 그건 맞춤법이 어려운 단어였어. 틀릴 수도 있지 뭐.

- 우리 팀은 이길 기회가 많아. 단지 한 번의 기회를 잃었을 뿐이야. 대수롭지 않아.

- 좀 더 열심히 연습하면 될 거야.

- 그건 나만의 문제가 아니라 팀 전체의 문제야.

- 상당히 재치 있는 말을 했어.

- 다음번에는 더 잘할 거야.

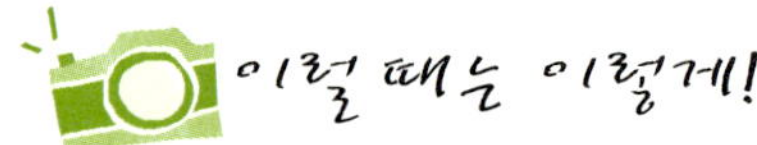

1. 부정적인 생각의 싹을 자르자

항상 모든 일을 끔찍하게 여기기 때문에 필요 이상으로 기분이 우울하다면 이제는 그런 부정적인 생각의 싹을 잘라내야 한다. 우리에게 얼마든지 닥칠 수 있는 여러 가지 난관과 그에 상응하는 부정적인 감정을 소개하고, 해결책을 함께 제시하였다.

난관 : 영어 과목 점수가 너무 낮게 나왔다. '난 정말 멍청한가 봐. 잘하는
게 아무것도 없어.' 라는 생각이 머리를 스친다.

감정 : 실망감

해결 : • 영어는 내가 잘하지 못하는 과목이니까……. 그래도 다른 과목은
괜찮게 했잖아.

• 난 앞으로 더 잘할 수 있어. 다음 번에는 더 열심히 해야지. 파이팅!

• 이번에는 점수가 좀 낮았지만, 그렇다고 내가 공부를 못한다고
생각하지 않아.

난관 : 학교에서 뚱뚱하다고 놀림을 받았다. '난 뚱뚱해. 모두들 그렇게 생
각하겠지.' 라는 생각이 머리를 스친다.

감정 : 수치심

해결 : • 난 통통하긴 하지만 성격은 끝내주잖아.

• 누구나 완벽한 몸매를 가질 수는 없어.

• 쟤네들 정말 나빠. 저렇게 못된 아이들과는 친구로 지내지 않는
게 나아.

• 저 아이들은 좀 성숙해질 필요가 있어.

난관 : 연극 공연을 준비하는데 대사를 자꾸 잊어버린다. ‘이건 내 인생에서 최악의 날이야. 다시는 이런 걸 할 수 없을 거야. 모두들 날 바보라고 생각하겠지.’ 라는 생각이 머리를 스친다.

감정 : 당혹스러움

해결 : • 너무 긴장했나 봐. 난 그냥 대사 몇 줄을 잠깐 동안 잊어버린 것뿐이
　　　　라고.

　　　 • 누구도 완벽할 수는 없어. 할리우드의 유명한 배우들도 가끔씩
　　　　대사를 잊어버리기도 한다잖아.

　　　 • 많은 사람들 앞에 서 있는 건 엄청난 용기가 필요한 거라고.

　　　 • 그런다고 죽는 것도 아닌데 뭘. 자 용기를 내자고!

난관 : 좋아하는 아이에게 퇴짜를 맞았다. ‘나를 좋아해 주는 사람이 단
　　　 한 명도 없으니 나는 이제 행복해질 수 없을 거야.’ 라는 생각이 머
　　　 리를 스친다.

감정 : 절망감

해결 : • 잊어야지. 난 분명 저 애를 잊을 수 있어.

　　　 • 흥, 네가 손해지 뭐. 나같이 괜찮은 애를 차버리다니…….

　　　 • 누군가가 날 좋아하지 않는다고 해도, 나 스스로도 행복해질 수
　　　　있다고!

난관 : 절친한 친구가 다른 사람과 영화를 보러 갔다. ‘저 애는 꼴도 보기 싫

어. 이제 더 이상 저 애와 친하게 지내지 않겠어.' 라는 생각이 머리를
스친다.

감정 : 분노

해결 : • 그런데, 단짝 친구라고 해서 나랑 모든 일을 함께할 수는 없는 거
잖아.

• 아까도 나랑 함께 있었잖아. 이번에 나랑 같이 영화를 보러 가지
않는다고 해서 무슨 나쁜 감정이 있는 건 아니겠지.

• 이런 생각은 오히려 제일 친한 친구를 잃게 되는 거라고. 괜히 친
한 친구를 잃을 필요가 있겠어?

난관 : 다른 아이들이 초대받은 파티에 초대받지 못했다. '아무도 날 좋아
하지 않아. 난 왕따야.' 라는 생각이 머리를 스친다.

감정 : 외로움

해결 : • 날 초대했으면 훨씬 더 재미있었을 텐데, 너희들이 손해지 뭐.

• 쳇, 나도 친구는 많다고.

• 다른 친구 생일 파티에 초대되면 되지 뭐!

대부분의 일이 생각보다 그렇게 끔찍하지만은 않다는 것을 기억

하자. 이런 일들은 정상적인 삶의 일부일 뿐이다. 그리고 자신이 가치 있는 인간이 되기 위해 완벽할 필요도 없고, 아름다울 필요도 없다는 것을 기억하자. 굳이 인기가 많아야 할 필요가 있겠는가? 이미 우리는 충분히 가치 있는 존재이다.

03 협상의 시간, 그 두 번째

개인적인 문제를 해결하기를 원한다면,
복잡한 머리를 식힐 겸 협상의 시간을 선언하자.

생각을 바꾸었다고 해서 감정도 쉽사리 바뀌는 것은 아니다. 그것은 본질적으로 해결해야 할 더 커다란 문제를 해결하지 않았기 때문이다. 시험에서 좋은 성적을 거두지 못했다거나 가족과 사이가 좋지 않다거나 친구가 헛소문을 퍼뜨리고 다닌다거니 아니면 과학 수업을 듣기 어렵다거나 하는 문제들은 생각을 바꾸는 것으로 충분하지 않다. 수시로 감정에 영향을 미칠 수 있는 많은 문제들을 본질적으로 해결하기 위해서는 행동까지 바꾸어 문제를 완전히 해결해야 한다.

앞서 〈'논쟁이나 싸움을 끝내는' 방법 9〉에서 문제 해결을 위한 '협상의 시간 1'에 대해 살펴보았다. '문제 해결을 위한 협상의 시간 2'는 개인적인 문제를 근본적으로 해결하기 위한 방법이다. 목표를 성취하고자 하거나 자신의 능력을 계발하고자 할 때, 또는 문제 상황을 개선하고자 할 때에는 문제가 따를 수밖에 없다. 이런 문제를 근본적으로 해결하지 않으면 원하는 목표를 달성할 수 없다.

협상의 시간 2 (활용 단계)

❶ 행동을 취한다.

앞서 살펴본 협상의 시간과 마찬가지로 개인적인 문제를 해결하기 위한 첫 단계로는 문제 해결을 위한 확고한 결심이 필요하다. 자신의 부정적인 감정이 장애물이 되지 않도록 주의하며, 주도적으로 문제를 해결해 나간다.

❷ 문제 상황을 정확히 이해하고 무엇을 원하는지 파악한다.

문제가 무엇인지 정확하게 정의를 내려야 한다. 친구들이 문제인지, 학교 성적이 문제인지, 아니면 개인적인 취향이 문제인지, 그 원인을 정확하게 파악하고 어떤 식으로 문제를 해결하고자 하는지 자문하는 과정이 필요하다. 만약 성적이 문제라면, '수'를 받고 싶은 것인지, 아니면 단지 지금보다 조금 나아지길 원하는지 정확하게 이해해야 한다.

❸ 가능한 모든 해결책을 생각한다.

문제를 해결할 수 있는 다양한 방법을 끄집어내기 위해 브레인스 토밍이 필요하다. 우선 연필을 꺼내서 종이에 항목별로 자신의 해결책을 적어보자. 성적과 관련하여 최소한 '우' 이상을 받기 원한다면, 다음과 같은 생각들을 떠올려야 한다.

- 각 과목 선생님에게 자신이 무엇을 할 수 있는지 말한다.
- 숙제를 마칠 때까지 텔레비전을 보지 않는다.
- 방과 후 학습지도를 받는다.
- 공부를 하기 위해 도서관에 간다.
- 아버지에게 도움을 받는다.
- 과외 선생님에게 도움을 받는다.

❹ 해결책을 정하고 실행에 옮긴다.

가능한 해결책 가운데 최상의 것을 고른다. 그리고 그것에 계획 A(문제를 해결하기 위한 '주' 계획)라고 이름을 붙인다. 계획을 실행에 옮기지 않으면 그것은 그저 계획에 불과하다. 확고한 결심과 긍정적인 사고로 계획을 실행하는 것이 중요하다.

누구나 도움을 필요로 한다. 특히 정말 심각하거나 어려운 문제를 해결할 때에는 더욱 그렇다. 문제 상황을 논의하거나 해결책을 강구하고, 그것을 실행에 옮길 때 다른 사람에게 도움을 청한다고 해서 부끄러워할 필요는 없다.

문제 해결에 나서면 그것이 얼마나 기분 좋은 일인지를 느낄 수 있을 것이다. 문제를 해결할 수 있는 힘을 가졌다는 것은 근사한 일이고, 문제를 해결할 때마다 그에 따른 보상과 재미가 있을 것이다.

03 개구리 배 만들기

초조하거나 긴장이 될 때, 개구리 배를 만들어보자.

침착한 사람은 부정적인 감정을 극복하기가 훨씬 쉽다. 침착한 태도가 긍정적인 감정을 부르기 때문이다. 마음을 침착하게 가라앉히기 위해서는 화를 부르는 부정적인 생각들보다 복을 부르는 긍정적인 생각을 떠올릴 필요가 있다. 호흡을 통해 몸과 마음의 긴장을 푸는 것도 마음을 침착하게 하는 방법이다. 몸과 마음의 긴장을 이완시키기 위한 방법에는 다음과 같은 것들이 있다.

- 게임
- 산책
- 음악 감상
- 독서
- 애완동물 기르기
- 영화 감상
- 낮잠
- 수다

대개의 경우 마음보다 몸을 이완시키는 것이 쉽다. 긴장을 풀기 위해 누울 수도 있고, 기댈 수도 있지만 마음은 쉴 새 없이 움직인다. 분노나 좌절 같은 강렬한 생각과 감정을 떨쳐 내기란 쉽지 않다. 마음을 침착하게 하는 데 도움이 필요하다면 개구리 배를 떠올려보자. 개구리는 숨을 쉴 때 배를 풍선처럼 부풀린다. 이러한 호흡법을 따라함으로써 괴로운 생각을 날려 보낼 수 있다.

편안한 자세를 취한다. 앉아 있을 때나 서 있을 때,
소파에 누워 있을 때에도 개구리 배를 만든다.

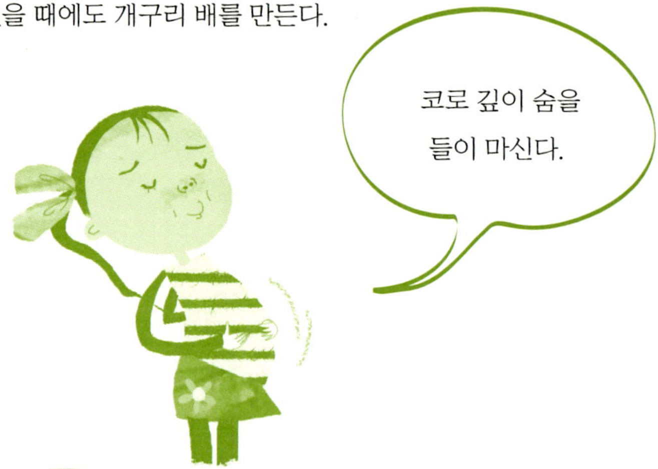

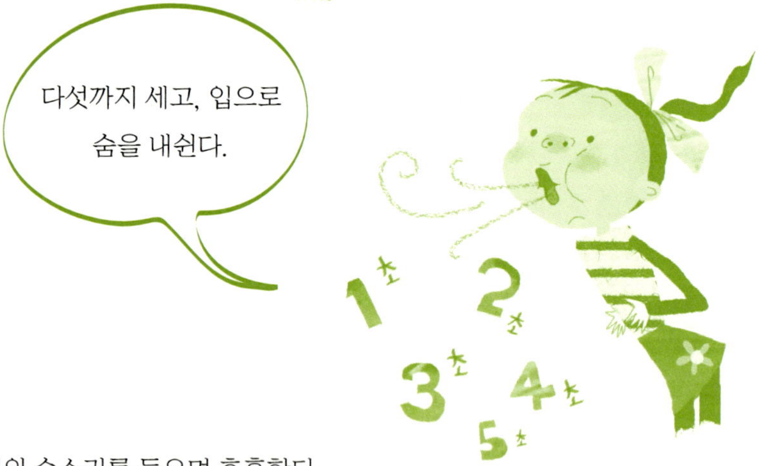

자신의 숨소리를 들으며 호흡한다.
오직 숨소리에만 집중한다.

숨을 들이마시면 공기가 들어간 풍선처럼 배가 앞으로 불룩 튀어나온다. 숨을 내쉬면 공기가 빠진 풍선처럼 배가 홀쭉하게 들어간다. 숨을 내쉴 때마다 부정적인 생각과 감정들이 몸 밖으로 빠져나간다고 상상해보자. 눈을 감거나 손을 배 위에 올려놓으면 도움이 될 것이다.

숨은, 대양이나 큰 호수의 물결과 같다. 좀 더 집중하면 숨을 들이마시는 것이 바닷가로 밀려오는 파도와 같고, 숨을 내쉬는 것이 바다로 나가는 파도와 같다고 느낄 것이다. 개구리 배를 연습할 때, 모든 관심을 숨 쉬기에만 집중한다면 모든 잡념을 떨칠 수 있을 것이다. 걱정이나 두려움, 혹은 분노와 같은 생각들이 찾아오면 그러한 생각들을 날려 버리고, 자신의 숨소리가 주는 따뜻하고 아늑한 느낌으로 돌아가 보자.

부정적인 생각과 감정이 들 때마다 정신을 집중하자. 개구리 배를 이용해서 하늘 높이 풍선을 날려 보내듯이 그런 생각과 감정을 날려 보내자.

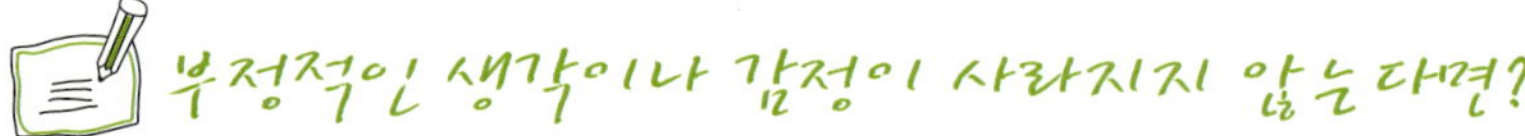

부정적인 생각이나 감정이 사라지지 않는다면?

　슬픔이나 분노와 같은 부정적인 생각과 감정은 사람들 곁에 머물면서 쉽사리 사라지지 않는다. 만약 그런 상태가 오랫동안 지속된다면 즉시 도움을 요청하는 것이 현명한 방법이다. 우선 믿을 수 있는 어른에게 도움을 요청하되, 전문적인 도움을 받고자 한다면 전화번호부에서 전화번호를 찾아 직접 전화를 거는 것도 좋은 방법이다.

　자기 자신과 원만한 관계를 유지하는 일은 다른 사람과 원만한 관계를 유지하는 것만큼이나 어려운 일이다. 지금 자신이 우울한 시기를 보내고 있다고 생각한다면, 부엉이가 가르쳐 준 방법을 이용하여 상황을 명확히 파악하고 다시금 화창한 날을 찾아보자.

글을 맺으면서

7장

이 책에는 아이들이 학교에서 올바른 인간관계를 맺을 수 있는 다양한 방법이 소개되어 있다. 사실 학교란 곳은 아이들에게 스트레스를 주지 않을 수 없는 곳이다. 물론 스트레스를 줄이기 위해 스스로 부단히 노력해야 하지만, 친구들과 함께 노력해야 한다는 사실을 잊지 말고 서로를 존중하고, 서로에게 친절하게 대하자. 더 나아가 제멋대로 행동하는 아이에게 "그만둬!"라고 말할 수 있다면 학교생활에 큰 변화가 생길 것이다. 모든 학생은 학교에서 보호와 존중을 받고 편안함을 느낄 수 있어야 한다. 새들이 서로 힘을 합쳐 살아가듯이 우리 아이들도 학교에서 친구들을 도우며 생활하기를 바란다.

친구를 사귈 때에는 좋은 친구를 잘 선택해야 한다. 좋은 친구란, 타인을 존중하는 친구이자 학교생활을 성실하게 하는 친구이다. 그런 친구를 만난다면 학교생활을 더 쉽고 재미있게 할 수 있을 것이다. 그러므로 친구를 선택할 때에는 신중하게 생각해야 한다. 좋은 친구는 상대방을 있는 그대로 받아들이고 인정해 주며, 도움을 주는 데 주저하지 않고, 항상 내 편이 되어준다. 그런 친구를 찾는 것은 학교생활에서 무엇보다 가장 중요한 일이다.

스스로 해결하기 힘든 문제가 생겼을 때에는 어른들에게 도움을 요청하자. 담임 선생님은 물론 교장 선생님과 상담 선생님께 도움의 손길을 내밀자. 또한 학교 밖에서도 도움을 줄 수 있는 곳이 많다. 지역 사회의 다양한 교육 프로그램을 운영하는 곳에서도 도움을 줄 것이다.

끝으로 담임 선생님이나 부모님에게 다음 장의 내용을 꼭 읽어보라고 권하고 싶다. 그런 후에 친구들과 한데 어울리는 과정에서 겪을 수 있는 크고 작은 어려움을 주제로 함께 이야기를 나누어보기를 바란다. 어른의 도움을 받아 다양한 방법들을 연습한다면 아이들은 많은 것을 배울 수 있을 것이다. 사실 우리 주위에는 도움을 줄 수 있는 사람들이 매우 많다. 우리 아이들이 행복하고 성공적인 삶을 살 수 있기를 바라며, '적극적으로 자기 자신의 감정을 표현하고, 사이좋게 어울려 지내기'를 바란다.

어른들에게
부탁하는 말

8장

아이들은 친구들과 사이좋게 지내는 법의 대부분을 부모나 보호자, 혹은 교사에게서 배운다. 아이가 어릴 때, 부모는 아이의 손을 잡고 수영장에 간다. 처음에는 얕은 물에서 놀게 하다가, 손을 잡아 아이 스스로 수영장을 오가게 이끈다. 좀 더 자라면 본격적으로 수영 강습을 시킨다. 아이가 물에 대한 두려움 대신에 편안함을 느끼기 시작하면, 부모의 도움은 점차 줄고 아이 스스로 할 수 있는 일들이 늘어난다. 그렇게 시간이 흘러 아이는 혼자서도 수영을 할 수 있게 된다. 그러나 부모는 수영장 가장자리에 서서 아이의 모습을 항상 지켜본다. 아이에게 문제가 생기면 물속에 뛰어들기 위해서이다.

아이에게 사회생활의 방식을 가르칠 때에도 이와 마찬가지이다. 갓난아이 때부터 막 걸음마를 시작할 무렵에는 아이를 직접 안거나 업고 다닌다. 좀 더 자라면 몇 가지 행동 지침을 알려준다. 항상 예의바르게 행동하고, 다른 사람의 감정을 배려하며, 친구들과 사이좋게 지내라고 가르치는 것이다. 아이 스스로 할 수 있는 일들이 점차 늘어나고 부모의 도움이 줄어들어도 부모는 아이와 함께하며, 필요할 때에는 개입을 한다. 그렇게 시간이 흘러 아이가 학교에 가고, 아이 스스로 사회의 험난한 물결을 헤엄쳐 가도록 한다.

부모들은 언제나 아이들의 생명구조원이다. 더 나아가 아이들의 인생 코치이기도 하다. 아이들이 학교와 같은 사회 공간에서 건전한 인간관계를 맺을 수 있도록 돕는 것은 매우 중요하다. 부모들은 지속적으로 아이들을 이끌어주고 가르치며 위험한 상황이 되면 문제 상황에 뛰어들어 아이들을 구해주어야 한다. 그것이 부모의 역할이다.

이 책에서 소개한 의사소통 방식은 아이들이 어른과 함께 연습할 때, 가장 효과적으로 습득할 수 있다. 아이에게 이 책을 건네기 전에 먼저 어른이 읽어야 하는 것은 바로 그 때문이다.

아이와 함께 의사소통 방식을 연습할 때, 아이들의 사회적 경험을 바탕으로 이야기를 나누고 역할 놀이를 하면, 아이들은 자신에게 닥친 사회문제-특히 괴롭힘이나 갈등-를 좀 더 빠르게 이해하고 쉽게 대처할 수 있다. 아이들은 어른의 지속적인 도움이 필요하다. 그렇기 때문에 이 책에서는 사람들이 왜, 어떤 방식으로 느끼고 행동하는지 구체적인 상황을 설정하여 '이럴 때는 이렇게!'에서 소개하고 있다. 이를 부모와 아이가 함께 연습한다면 기대 이상의 효과를 거둘 수 있을 것이다.

이 책에서 언급한 대로 아이와 함께 연습한 다음에는 즉흥적으로 상황을 설정하여 다시 연습하고, 역할을 바꿔 또 다시 연습해보자. 처음에는 아이가 원하지 않는 일부터 시켜야 한다. 즉, 제멋대로 행동하는 아이의 역할을 맡기는 것이다. 역할 바꾸기는 아이에게 특정한 상황에서 어떻게 행동해야 하는지를 깨닫게 해주고, 어떤 식의 단호한 반응이 더 효과적인지 또래의 관점에서 이해할 수 있게 해준다.

이 책은 무엇보다 수업 시간에 학생들의 경험과 생각을 이끌어내어 학생들이 직접 서로 사회적 기술을 연습할 수 있는 시간을 줄 수 있다.

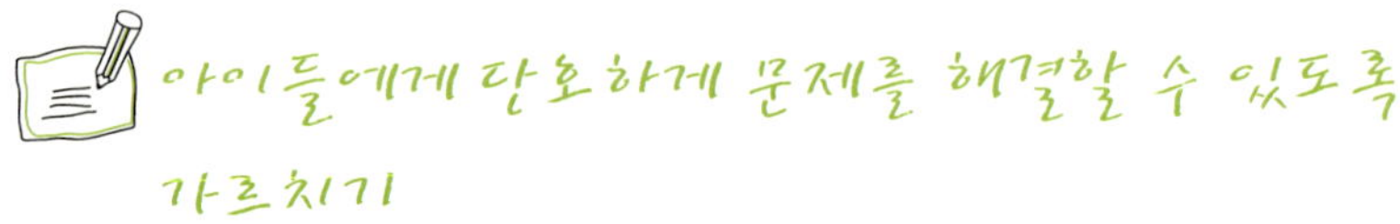

단호하다는 것은 솔직하다는 말이다. 결코 비판적이거나 공격적이 되라는 말이 아니다. 아이들의 사회적 기술과 문제 해결 능력을 발전시키기 위해 부모가 할 수 있는 일은 매우 다양하다. 실례로 아이들에게 긍정적인 영향을 끼칠 수 있는 주요 영역을 소개하면 다음과 같다.

생활환경

● 부모는 아이와 따뜻한 관계를 맺어야 한다.

이를 위해 아이들에게 먼저 말을 걸고, 아이들의 이야기를 차분하게 끝까지 들어주며, 아이들에게 일어난 일에 대해서는 돌멩이 하나라도 관심을 가져야 한다. 아울러 즐겁게 생활하면 된다.

● 가정의 분위기를 개방적이고 솔직한 의사소통이 가능하도록 만든다.

아이들이 엉뚱한 질문을 한다고 해도 벌을 주거나 아이의 질문을 무시해서는 안 된다. 아이가 무엇을 원하는지, 부모가 어떻게 느끼는지 정확하게 말함으로써 스스로 개방적이고 솔직해져야 한다.

● 아이의 단호함을 존중한다.

● 아이가 상대를 존중하면서 말했다면 그것이 긍정적이든 부정적이든 아

이의 감정을 들어준다.

● 물리적인 면과 언어적인 면에서 공격적인 행동을 보이면 통제한다.

● 아이의 사회적 상호작용을 가로막거나 모든 사회적 문제 상황에 개
입하면서 겁 많은 아이로 키우지 말아야 한다.
(괴롭힘이나 폭력, 아이의 안위와 관련된 문제가 아니라면 과잉보호하지 않
는 것이 바람직하다)

솔선수범

● 바람직한 의사소통 능력과 문제 해결 능력을 토대로 가정이나 학급
내에서 일어난 문제를 해결한다.
문제 해결을 위해 솔선수범하는 것도 좋은 방법이다. 9장의 〈 '논쟁이나
싸움을 끝내는' 방법〉 참고하자.

● 아이들을 무시하고 잔소리를 함으로써 죄책감을 느끼게 하는 것이
아니라 부모가 원하는 것을 직접 말함으로써 아이들의 **잘못된** 행동
을 바로잡는다.
바로잡으려는 것이 아이의 행동이지 아이 자체가 아니라는 것을 명심
할 필요가 있다.

● 가족 외의 사람들을 상대할 때에는 단호하고 직접적인 의사소통 방

식을 사용한다.

● 아이의 사회 경험에 귀를 기울여야 한다.

학교에서 어떤 일이 있었는지, 친구가 누구인지, 수업 시간 이외에는 무엇을 하는지 등을 알아야 한다.

● 아이들이 자신의 의견을 갖도록 도와주어야 한다.

이를 위해 부모의 경험을 들려주거나 부정적인 결과를 가져올 수 있는 사고방식에 대해 알려줄 필요가 있다. 아이에게는 부모의 말이 절대적이다. 그러므로 "우린 할 수 있어.", "이 문제를 어떻게 풀어 나갈지 함께 생각해 보자.", "너 자신을 너무 심하게 몰아붙이지 않는 게 좋겠구나.", "누구나 실수를 한단다.", "다들 그래."라고 말한다면 아이에게는 많은 힘이 될 것이다.

● 문제 상황에 대한 해결책을 함께 마련한다.

지도하기 그리고 연습하기

● 부모의 실제 삶의 경험을 아이와 공유하고, 부모의 대화 전략을 아이에게 가르친다.

자신이 어렸을 때, 놀림이나 괴롭힘, 그리고 수줍음을 어떻게 극복했는지, 그런 일을 겪었을 때 어떤 느낌이었는지를 알려주는 것이 좋다.

- 이 책에 소개되어 있는 대본으로 역할놀이를 하고, 자신의 아이나 다른 아이들이 실제로 겪고 있는 상황에 맞게 꾸준히 연습한다.

- 아이가 어려운 상황에서 최선의 노력을 다했을 때 격려를 하듯이 연습할 때에도 똑같이 해야 한다.

아이에게 자전거 타는 법을 가르치는 것과 마찬가지로 "난 할 수 없어. 정말 어려워."라고 말할 때, 부정적인 생각을 극복하고 더 열심히 연습할 수 있도록 도움을 준다.

인생 코치

- 자신의 아이에게 어떤 일이 벌어지고 있는지 관심을 가져야 한다.

아이들이 어디에 있는지, 누구와 함께 있는지, 무엇을 하고 있는지 확인할 필요가 있다. 이를 위해 부모와 교사는 아이와 수시로 대화해야 한다.

- 아이가 고통을 받거나 위험에 처해 있을 때, 문제 상황에 뛰어들어 직접적인 도움을 주어야 한다.

필요하다면 다른 학부모와 아이에게 단호하게 말을 하자.

도움이 필요한 아이들

'왕따'와 같은 집단 따돌림이나 폭력을 당하는 아이들에게는 특별한 도움이 필요하다. 실제로 이러한 문제는 이미 심각한 수준에 이르렀다. 카이저가족재단이 실시한 2001년 조사에 따르면 13세 미만의 아이들 가운데 4분의 3 이상이 그러한 문제가 심각한 수준에 이르렀다고 응답한 것으로 나타났다. 또한 요크 대학의 라마쉬 폭력 및 갈등 해결 연구소에 따르면 그러한 문제의 가해자나 희생자 수가 응답자 가운데 35퍼센트를 차지한 것으로 조사되었다. 키즈헬스가 실행한 투표 결과에서도 48퍼센트의 아이들이 이전에 괴롭힘을 당한 적이 있는 것으로 밝혀졌다. 한편 이보다 더욱 많은 아이들이 괴롭힘을 구경만 하고 있는 것으로 나타났다.

놀림이나 괴롭힘의 표적이 된 아이들은 흔히 성적이 떨어지고, 극심한 절망감과 만성질환, 그리고 외로움에 시달린다. 이러한 문제를 해결하는 것은 괴롭힘을 당하는 아이만 돕는 것이 아니라 더 나아가 괴롭히는 아이도 도울 수 있다. 실제로 제멋대로 행동하는 아이들의 상당수가 성인이 되어 범죄자가 될 확률이 높다는 점을 간과해서는 안 된다. 따라서 어른들이 이런 심각한 사회문제를 해결하는 데 도움을 주어야 한다.

학교가 해야 할 일

❶ 놀림이나 괴롭힘을 심각한 사회문제로 인식하고 그것을 허용해서는 안 된다. 이 문제의 일부는 태도와 관련이 있다. 즉, 학교 당국의 근절 의지가 부족하다는 것이다. 이 문제를 신속하게 조사하고 가르치는 것이 무엇보다 중요하다.

❷ 타인에게 해를 끼치는 행동에 대해서는 엄격한 행동 강령을 마련해야 한다. 이를 각 교실에 게시하고, 학급회의의 안건으로 다루자. 학교 당국은 어떤 행동이 괴롭힘에 해당하는지 그 기준을 제시하고, 모든 학생에

게 신고 의무가 있음을 알리며, 조사 과정 및 처벌 등을 명확하게 규정해야 한다.

❸ '학생 조사단'을 포함해서 체계적인 감독 체제를 만들어 보자. 필요하다면 폐회로 텔레비전(CCTV)을 설치하여 감독하는 것도 좋다. 허술한 감독 체제와 확고한 대응의 부재는 그러한 문제를 악화시키는 중요한 요인이 된다.

❹ 이 일을 담당하는 교사 및 자원 봉사자에게 사전 예방 및 사후 조치를 신속하게 할 수 있도록 교육해야 한다.

❺ 학생이 익명으로 신고할 수 있도록 조치하자. 이것이 학생의 책임임을 분명하게 알려야 한다.

❻ 사회적인 유대와 지원이 가능한 프로그램을 활용하자. '버디' 프로그램(Buddy programs, 고학년과 저학년을 짝으로 묶어준다)과 '트라이브' 프로그램(Tribes programs, 아이들이 서로 지원자가 되어 그룹으로 함께 다니도록 하는 프로그램으로 미국과 캐나다 등지에서 실행하고 있다)이 그 좋은 예이다.

❼ 대인관계를 원만하게 할 수 있는 방법과 문제 해결 능력을 가르쳐야 한다. 궁극적으로 이를 교과 과정의 일부로 채택하자.

❽ 타인을 괴롭히는 아이들을 위한 전문적인 상담을 제공하자.

부모가 해야 할 일

❶ 이 책에 소개되어 있는 방법과 기술을 활용하여 괴롭힘을 당하는 아이
나 괴롭히는 아이가 더 이상 발생하지 않도록 해야 한다.

❷ 자녀가 괴롭힘을 당하는 것이 학교 차원이나 이웃 차원에서 해결되지
않는다면 직접 해결해야 한다.(학교나 이사회, 학부모 모임, 교육부를 방
문하는 것도 하나의 방법이다)

❸ 극한 상황에 처한 경우, 아이를 새로운 학교로 전학시키거나 경찰에 신
고하고, 법적인 조치를 취해야 한다.

사랑하는 자녀가 학교 문제로 인해 고통스러워하는 것을 지켜보기란 힘들고 고통스러운 일이다. 하지만 대부분의 아이들은 그런 일을 겪게 마련이다. 학부모나 교사들은 누구보다 아이들을 가까이에서 도울 수 있다. 존경받을 수 있는 사회적 행동의 모범을 보이고 아이들에게 그들을 존중한다는 것을 확인시켜 주자. 이 책에 소개되어 있는 방법들을 아이와 함께 연습하고, 아이들이 하는 이야기에 귀를 기울이자. 학교와 가정 사이에 소통할 수 있는 길을 열어두어 사랑하는 자녀가 다른 아이들과 더 사이좋고 재미있게 지낼 수 있도록 도와주자.

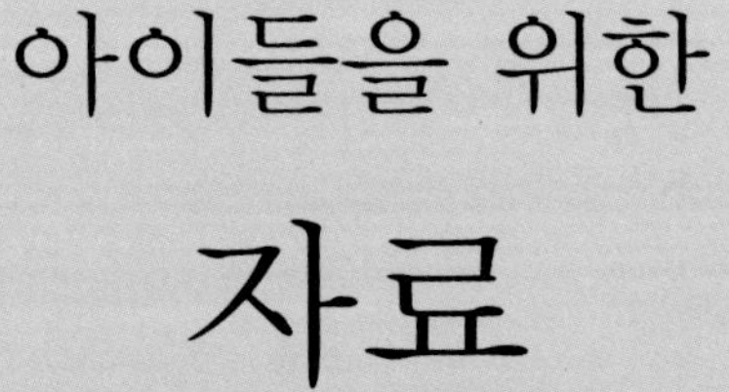
아이들을 위한
자료

9장

아이들을 위한 자료

내가 만드는 세상 (http://my.dreamwiz.com/jeun76/main.html)

왕따 학생들의 고민을 들어주는 광장을 운영하고 있다. 또 왕따를 극복한 체험 사례나 왕따 학생들의 자기 보호 방법 및 극복 방법이 자세하게 나와 있다. 상담의 자리까지 마련되어 있으므로 여러 모로 유용하다.

사이버 왕따 상담실 (http://www.cyberwangdda.or.kr)

사회 복지사들이 주축이 되어 청소년 왕따 문제를 해결하기 위해 상담을 해주고 있다. 따돌림이나 심한 괴롭힘뿐만 아니라 보다 포괄적인 상담이 가능하다. 상담은 여러 가지 형태로 이용이 가능하며, 크게 웹 심리 검사, 채팅 상담실, 공개 상담실, 비밀 상담실, 나도 상담자로 세분되어 있다.

왕따닷컴 (http://www.wangtta.com)

서울시 용산구 갈월동에 위치하고 있는 학교 폭력 상담 전문기관이다. 사이버 상담, 친구 관계 상담, 왕따 체험 수기 등을 제공한다.

한국 청소년 상담원 (http://www.kyci.or.kr)

개인 상담은 일요일과 공휴일을 제외하고 모든 날에 가능하다. 상담전화는 (02-730-2000, 02-2231-2000)이다. 집단 상담은 분기별로 1년에 4번 (3, 6, 9, 12월)하며 홈페이지 '공지 사항'에 게재한다. 심리 검사와 MBTI 성격 유형 검사, 진로 탐색 검사도 신청하면 매주 토요일 2시에 받을 수 있다. 사이버 상담도 가능하다. 또 정기적으로 부모 교육도 실시하고 있다.

샤이키즈 (www.shykids.com)

샤이키즈 홈페이지에서는 자신감 키우기, 친구 사귀기, 어른들과 이야기하기, 수줍음 극복하기 등에 관한 조언을 들을 수 있다. 대화를 시작하고 지속하는 데 필요한 예를 원한다면 'Chit-Chat' (수다떨기) 메뉴를 클릭하라. 이외에도 학교에서 대인 관계를 원만하게 유지할 수 있는 다양한 방법을 배울 수 있다.

키즈헬스 (www.kidshealth.org)

키즈헬스 홈페이지 초기 화면에서 '어린이 사이트' (KIDS site)를 클릭하고 들어가, '감정을 다스리는 법' (Dealing with Feelings)을 클릭하라. 친구들과 사이좋게 지내는 법, 괴롭힘이나 또래의 압력, 수줍음 등에 어떻게 대처해야 하는지 방법을 소개해 놓고 있다. 이외에도 아이들에게 도움을 줄 수 있는 다양한 주제를 소개하고 있다.

우리 아이 새에게 배우는 의사소통 기술

스콧 쿠퍼 글 | 강명근 그림 | 하인혜 옮김

1판 1쇄 인쇄일 2007년 7월 20일
1판 1쇄 발행일 2007년 7월 25일

발행처 청어람주니어 | **발행인** 서경석
편집인 김민정 | **책임편집** 이해미 | **편집** 석정민
디자인 한진옥 | **마케팅** 최영민

주소 경기도 부천시 원미구 심곡1동 353-3 녹십초 그린 아파트 306호
전화 032-663-7950 | **팩스** 032-663-7994
전자우편 itsmyheart@chungeoram.com
출판등록 제1081-1-89호

ISBN 978-89-251-0798-1 13370